このプリン、いま食べるか？ ガマンするか？

一生役立つ時間の法則

柿内尚文
編集者

飛鳥新社

人生は
「4つの時間」
でできています

あなたが増やしたいのは
どの時間ですか？

プロローグ

都会で暮らす青年が、南の島に旅行に行きました。
仕事が忙しい青年は、ゆっくり旅行を楽しむことができず、南の島のビーチでパソコン持参で仕事をしていました。
そこに、その島に住む少年がやって来ました。

少年「お兄さん、ここで何をしているの？」

青年「都会から旅行に来たんだけど、
仕事が忙しいからここで仕事をしているんだ」

少年「大変なんだね。
お兄さんがそんなに一生懸命働くのはなんで？」

青年「一生懸命働いて、
成功してお金を手にしたいからだよ」

少年「お金を手にしてどうするの？」

青年「そうだな、お金が手に入ったら、
南の島でゆっくりと暮らしたいね」

少年「それじゃあ僕と同じだね。
今、僕もそういう暮らしを
しているので」

青年「………」

はじめに

人生の時間は砂時計のようなもの

閉店間際のスーパーに入った時のこと。

総菜コーナーには半額シールが貼られた唐揚げ、餃子、てんぷらが並んでいました。賞味期限が近い総菜を売り切るためのよくある風景です。

総菜の場合、販売できる時間が「賞味期限」として設定されています。

「終わり」がハッキリしています。

総菜と同じく、**人にも必ず「終わり（死）」という期限があります。**

でも、その時がいつかはわかりません。

もし終わりの時間がハッキリしていたら。

何をして、何をしないか。

優先順位もハッキリするはず。


もしあと1年しか時間が残されていなかったら。

プロローグに出てくる青年は、すぐに南の島に移住するかもしれません。


終わりのある人生です。

時間の使い方によって、人生は大きく変わります。

たとえば、日常にあるこんなシーン。あなたなら、どんな時間の選択をするでしょうか？

▼

たまたま入った喫茶店に、おいしそうなプリンがありました。

あなたはプリン好き。そのプリンを「食べたい！」と思いました。

でも一方であなたは現在ダイエット中です。甘いものは控えています。

このような状況で出合ってしまったおいしそうなプリンを、あなたは食べますか？　ガマンしますか？


一期一会《いちごいちえ》の出合いだから食べる。

いや、ダイエットを成功させるためにガマンする。

脳内で葛藤が起こります。

「食べる」という**「幸福の時間」**を選ぶか、「ガマンしてダイエットする」という将来への**「投資の時間」**を選ぶか。


正解はありません。あるのは、あなたの選択です。

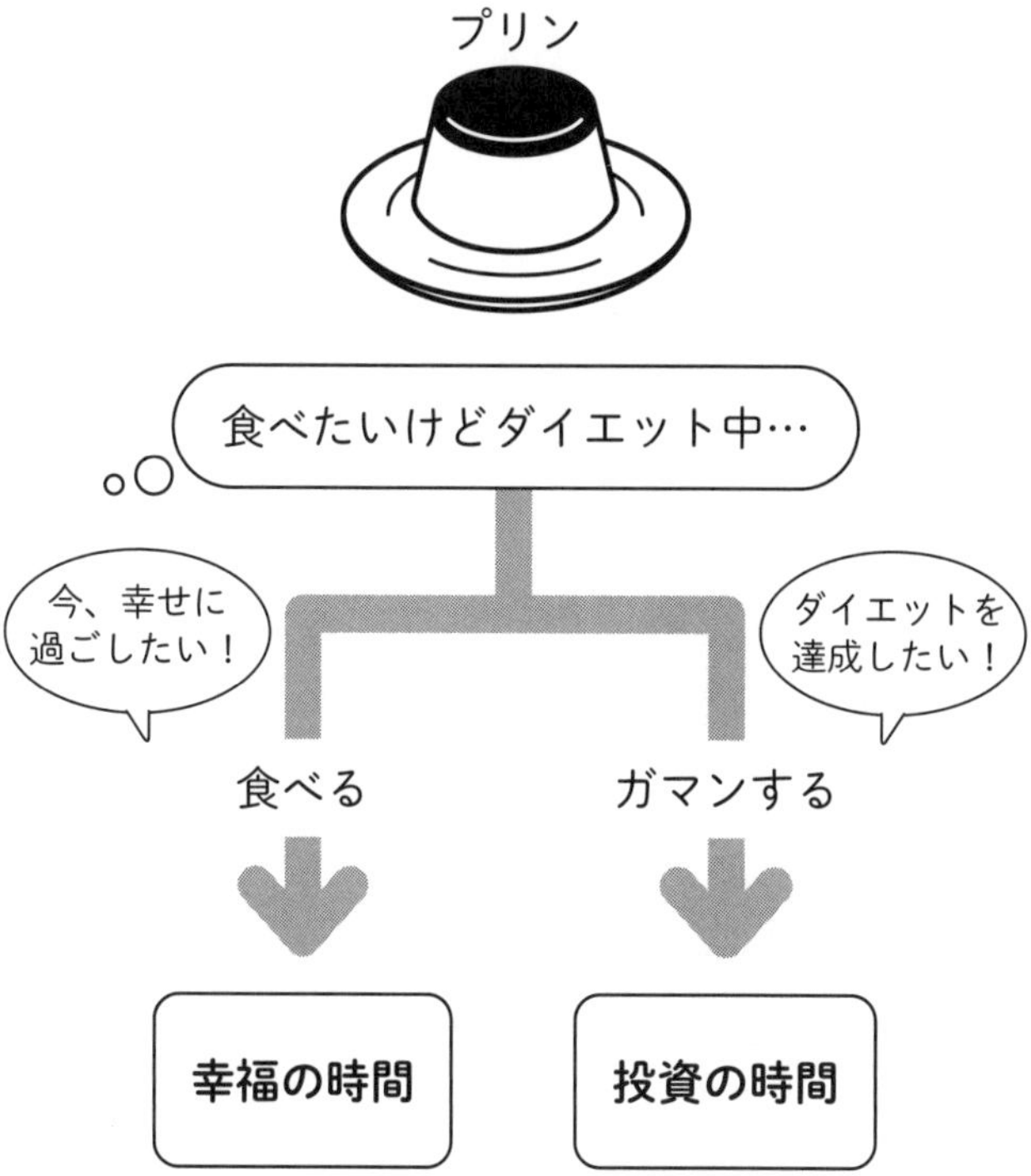

正解はない！
あるのは選択のみ！

もし時間が無限に存在していれば、悩むことはないかもしれません。
仕事を一生懸命して、そのあとで南の島で暮らせばいい。
プリンを食べて、そのあとでダイエットをすればいい。
でも、くり返しますが、**人生の時間には限りがあります。**
それは**まるで砂時計のようなものです。**
時間という砂が、この瞬間もサーッと落ちています。

毎日がただ忙しくて、目の前の時間に追いかけ回されて生きているならば……。

一度立ち止まって、あらためて限りある時間について、考えてみることも必要ではないでしょうか。
時間を考えることは「どう生きるかを考えること」でもあるのです。

ここで、質問です。

『時間』は、あなたにとって大切なものですか？

「大切なものです」。たいていの人はそう答えますよね。

では、こちらの質問はどうでしょうか。

「時間」をあなたは大切にできていますか？

今度はどうでしょうか。自信を持って「大切にできている」と答えられる人は、どのくらいいるでしょうか。

これまでこの質問をいろいろな人にしてきましたが、「時間を大切にできている」と自信を持って答えた人は、少数でした。

時間を大切だと思っているのに、時間を大切にできていない。

「思っていること」と「行動」を一致させるのって難しいですよね。
仕事が大切なのに、つい仕事のグチばかりいってしまう。
家族を大切に思っているが、日々大切にできているかと聞かれると自信がない。
お金を大切に思っているのに、なぜかムダ遣いしてしまう。

時間はまるで呼吸をするかのように、当たり前に過ぎていきます。
あまりにも自然なことなので、時間を常に意識して生きることはできないし、逆に意識しすぎると時間に縛られて、息苦しさを感じてしまうこともあります。

時間は、なかなかやっかいな存在です。

そんな**やっかいな時間を自分の手に取り戻し、人生を豊かにするためにどうしたらいいか。**それがこの本のテーマです。

誰だって、いい人生を送りたいと思っているはずです。

でも、現状には不満や不安があり、自信を持って「いい人生を生きています」とはいえないかもしれません。

大切に思っているのに、大切にできないのはなぜだろうか。
人生の時間は限られているのに、なんでこんなに目の前のことに忙殺されるのだろうか。

僕自身、長年そう考えてきました。

仕事に忙殺され、時間を自分のものにできていない時代が長くありました。

この本は、そんな課題感の中から誕生しています。

この本を書くにあたり、時間に関する多くの人の悩みを調べました。気づいたことがあります。それはすごくシンプルなことでした。

時間についての悩みはざっくり3つ。

具体的にはこの3つに集約できました。

1「満足いく時間が送れない」という悩み

2「忙しくて時間が足りない」という悩み

3「時間をどう選択したらいいか」という悩み

時間に関する世界の名言を整理してみると、この3つのどれかをいっていることがほとんどでした。

先ほどの「『時間』をあなたは大切にできていますか」という話は、主に①の「満足いく時間が送れない」という悩みです。

時間の悩みはざっくり3つ！

① 満足いく時間が送れない

➡1、2、6章へ

② 忙しくて時間が足りない

➡3、5章へ

③ 時間をどう選択したらいいかわからない

➡4、7章へ

時間の価値を届けたい

ここで、自己紹介をさせてください。

柿内尚文《かきうちたかふみ》と申します。出版社で編集者として長年、書籍や雑誌の編集に関わってきました。おかげさまで、これまで企画した本やムックの累計部数は１３００万部を超えています。

また、近年はコンテンツマーケター、本の執筆、講演やセミナーへの登壇など、さまざまな仕事をさせてもらっています。

これまで『パン屋ではおにぎりを売れ』『バナナの魅力を１００文字で伝えてください』という2冊の本を執筆しています。ありがたいことに多くの方に読んでいただき、ともにベストセラーになりました。

なぜ編集者である僕が今回、時間をテーマにした本を書くのか。その理由は、「編集」という言葉に隠されています。

「編集」という言葉を聞いて、どんなことをイメージしますか？
「編集」は、たとえば本を編集する、テレビ番組を編集するなど「制作」と似たイメージで使われる場合もありますが、僕はこう定義しています。

「編集」とは、

価値を発見する × **価値を磨く** × **価値を伝える**

いってみれば「価値づくり」が編集の仕事です。

そして、この編集の技法を用いて、**「時間の価値」**をあらためて発見し、伝えていくことが、この本の目指すところです。

先にも書いた通り、時間は大切ということはわかっていても、それを意識し続けて生きることは簡単ではありません。時間の価値をつい忘れてしまいます。

科学者がエビデンスをベースに、統計学者が統計データをベースにするように、編集者である自分は、編集の技法を用いて「時間の価値」を届けていきたいと思っています。

多忙は記憶を消していく

「時間の価値」を伝えたいと思った動機は、個人的な実感からです。

僕が仕事をはじめたころ（1990年代中頃）は、深夜までの残業は当たり前。ピークになると3日くらいは会社に泊まっていました。会社には風呂がないので、近所の銭湯にもよく通っていました。

休みも関係なく24時間働くくらいの気持ちでいたのですが、その時がつらかったわけではなく、とにかく働くことが生きがいでした。

そうやって10数年働いてきた時に、ふと気づいたのです。
それは、**「多忙を極めている時の記憶がほぼない」**ということでした。

別に記憶喪失になったわけではありません。忙しすぎて、自分の頭の情報処理が追いつかず記憶が定着しなかったようです。
仕事での実績は自分なりには残せたのですが、記憶だけが残っていない……。
これはヤバい。このままだと記憶に残らない時間だけがどんどん過ぎてしまう。
そんな危機感を持ち、時間の考え方、使い方を見直しました。

そうして、時間の考え方、使い方を変えたおかげで、やってみたいとずっと思っていたことが実現できるようになったのです。
出版社で働きながらも、先ほど紹介した本を執筆したり（3冊目のこの本もそうですね）、講演活動をしたり。
もともと文章を書くのがとにかく遅く、本を1冊書くなんて自分では無理だと思っていたのですが、なんとか本を書くことを現実に変えられました。

時間をどう考え、時間をどう使うかで、人生は大きく変わる。

そのことを実感しました。

大前研一さんは「人間が変わる3つの方法」を次のように紹介しています（『時間とムダの科学』より）。

1 時間配分を変えること
2 住む場所を変えること
3 付き合う人を変えること

この中で今すぐ、それこそ今日からできるのは、「時間配分を変えること」ではないでしょうか。

何かをしようと思っても、時間がパンパンの状態だと入る余地がありません。何かをするならば、そのスペースをあける必要があります。

人生とは「時間の積み重ね」。
時間を有意義に使うことは、人生を有意義に生きることと同じです。
自分の持っている時間の価値を高め、自分らしい、後悔のない人生を送る。
そのための一助に、この本がなれば幸いです。

第3章 時間を自分のものにする

第4章 時間は選択が9割

第5章 人生は立てた予定でつくられる

最終章

もしこれが人生最後だとしたら

装丁・本文デザイン　三森健太（JUNGLE）
カバー・本文イラスト　竹内巧
出版プロデュース　森モーリー鷹博
編集協力　大西華子
校正　矢島規男
DTP　株式会社三協美術

第1章

人生は「4つの時間」で構成されている

第1章のキーポイント

キーポイント 1

人生の時間は「4つの時間」で構成されている。

［　　］の時間
［　　］の時間
［　　］の時間
［　　］の時間

キーポイント 2

5つの「感」が幸福の時間をつくる。

［　　］感
［　　］感
［　　］感
［　　］感
［　　］感

キーポイント 3

「時間の［　　］」をつくるだけで行動が変わる。

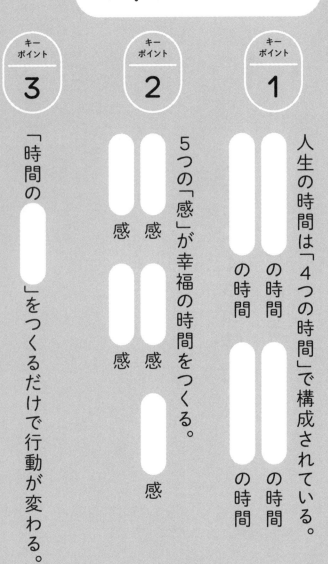

キーポイント
4

毎日をスペシャルにはできなくても、　　　な1日にすることはできる。

キーポイント
5

人間は　　　でいると
幸福の時間になかなか気づかない。

キーポイント
6

人生の「残り時間」と
「残り時間　　　」は
まったく違う。

「忙しすぎる人」とかけて「こぼれイクラ」ととく

忙しさを生む元凶はどんな時間か

「仕事が忙しくて睡眠時間を削っている」
「家事と仕事の両立が大変で自分の時間がとれない」
「もっと自分のやりたいことをしたいのに、やらないといけないことに日々追われている」

忙しくて、時間が足りないことを実感している人は多いと思います。

実際に、ある調査によると**社会人の約9割が「時間が足りない」と感じている**

そうです。多くの人が仕事、家事、育児などで時間に追われ、もっと時間がほしいと思っているのです。


仕事であれば、仕事量が多すぎることや人手が足りないこと、会議や打ち合わせ、資料作りに時間がとられることなどが、時間が足りなくなる原因です。

家事であれば、食事をつくり、掃除し、風呂をわかし、洗濯して、たたむ。スーパーに買い物に行って、子どもを迎えに行かないといけない……。

「あ～、なんでこんなに忙しいんだ！」

そんな気持ちになることもあると思います。


忙しいと感じる時間には、ある共通点があります。

忙しいと感じるこれらの時間、いったい「どんな時間」でしょうか？


それは、「やらないといけないこと」に属する時間ということです。

この**「やらないといけないこと」にかける時間の多くは「役割の時間」です。**

仕事でも家事でも育児でも、「やらないといけないこと」の多くはその人の役割です。資料をつくらないといけない。家族の食事をつくらないといけない。子どもに勉強を教えないといけない……。これらはいってみれば「役割の時間」です。

時間が不足する原因の多くは、「役割の時間」に時間をとられすぎていることなんです。

また、「やらなければいけないこと」は、「役割」以外に将来に対する**「投資の時間」**であるケースもあります。

「大学に合格するために今勉強する」「売上のために残業する」などは投資の時間です。**「投資の時間」も時間不足を生む要因のひとつです。**

一方で、たとえばこんな時にこんな感情って起きますか？

「1日中ダラダラとテレビを見てしまった。あー、忙しい1日だった」

ダラダラした1日を「忙しい」とは思わないですよね。

このダラダラした時間は、いってみれば「浪費の時間」です。

そうなんです。「浪費の時間」に対しては、忙しくて時間が足りないという感情にはなりませんが、「役割の時間」や「投資の時間」には、忙しくて時間が足りないという感情が生まれやすいのです。

時間が「こぼれている」状態

寿司屋で人気のこぼれイクラ。イクラがこれでもかと軍艦巻の上に乗っています。

あなたは、これを見てどんな印象を持つでしょうか？

「これは食べてみたい！」

「なんとも贅沢な軍艦巻だ！」


たしかに、おいしそうですよね。

でも、それとは別に、僕にはこのこぼれイクラがこう見えます。

まるで、忙しくて時間が足りていない人のよう。

イクラの一粒一粒はＴＯＤＯリストに載っている「やらないといけないこと」。

軍艦部分は「持っている時間」です。

所持する時間ではやらないといけないことが受け止めきれず、ボロボロとこぼれ落ちている。多忙な人もこぼれイクラも「余裕がありません」。


ちなみに、時間に対して適切なＴＯＤＯリストであれば、下のイラストのようなイメージでしょうか。ちょうどいい具合に軍艦の上にイクラが乗っています。

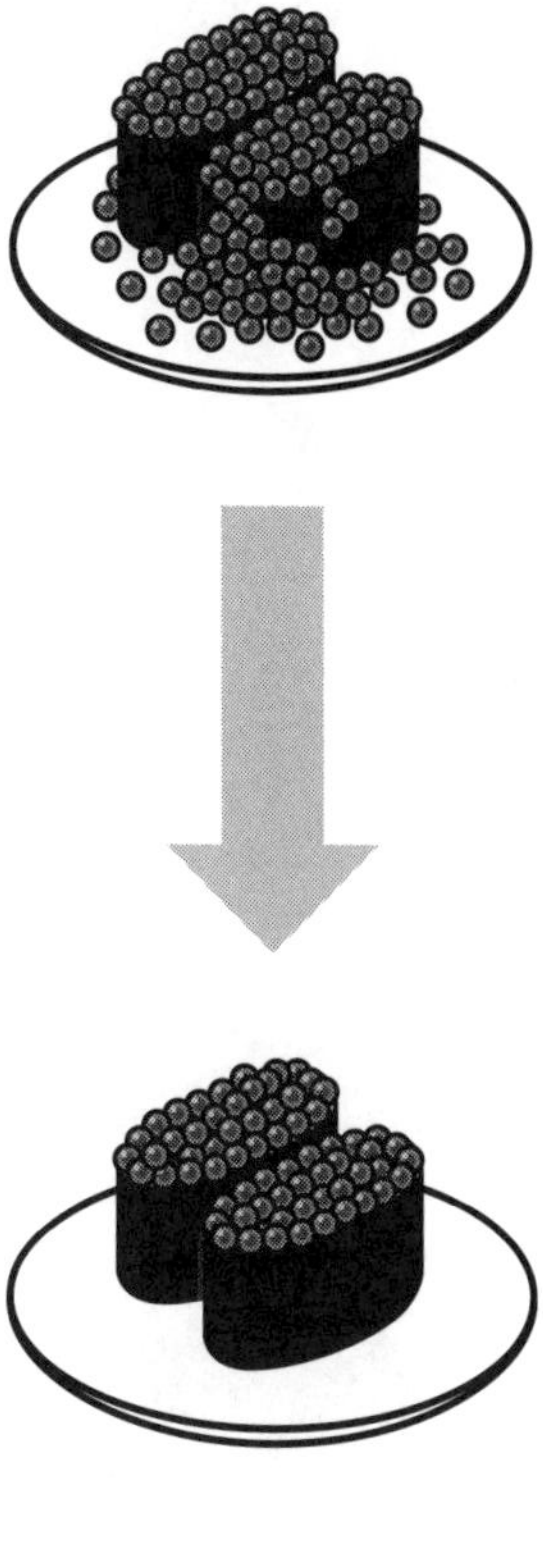

目指すべきは、時間とやることのバランスがちょうどいい時間配分です。実際に自分の時間がどこに配分されているかがわかっていれば、何をやればいいか行動指針をつくることができます。

そのためにも、まずは時間にはどういう時間があるかを知ることです。

実は、**時間は「4つの時間」に分けられます。**

人生には「4つの時間」しかない

自分の時間の配分を知ることからはじめる

すべての時間はこの4つに分けられます。

1「幸福の時間」
2「投資の時間」
3「役割の時間」
4「浪費の時間」

こういわれても、ピンと来ないかもしれませんよね。

たとえば、仕事のある日の朝の時間をイメージしてください。

起床して、顔を洗う、口をゆすぐ、家族と会話をする、朝食を食べる、コーヒーを飲む、トイレに行く、髪を整える、化粧をする、ヒゲを剃《そ》る、服を選ぶ、着る、ニュースを見る、SNSを見る……朝のルーティンはいろいろあります。

起きてから家を出るまでの準備時間を、4つの時間に仕分けするとどうなるでしょうか。

起床してから家を出るまでの時間は何の時間？

6：30	起床	
	顔を洗う	□の時間
	口をゆすぐ	□の時間
6：50	家族と会話する	□の時間
	朝食を食べる	□の時間
	コーヒーを飲む	□の時間
7：20	トイレに行く	□の時間
	髪を整える	□の時間
	ヒゲを剃る/化粧をする	□の時間
	服を選ぶ、着る	□の時間
7：30	ニュースを見る	□の時間
	SNSを見る	□の時間
7：50	出発	

□の中には何の時間が入ったでしょうか？

たとえば「顔を洗う」時間。この時間は多くの人にとっては目を覚ますとか、顔を清潔にするといった「役割の時間」です。

でももし顔を洗うことを「喜び」に変換できれば、**「幸福の時間」**になります。

以前、森林に囲まれた場所でキャンプをしたことがあります。起床して、キャンプ場を流れているきれいな小川で顔を洗った時。

「超気持ちいい～!!」と声が漏れました。最高の「幸福の時間」でした。

洗顔の時間が、４つの時間のどれになるかが決まっているわけではありません。洗顔をどの時間にしたいかは、自分の思考と行動で変えられるのです。

何もキャンプにまで行かなくても、意識を変えることで「幸福の時間」をつくることができます。

たとえば、顔を洗う時。洗面台に香りのいい石鹸やアロマオイルを数種類用意して、その日の気分で使い分けてみる。香りに癒され、いい気分になれますよね。こんな感じで、**工夫次第で「役割の時間」を「幸福の時間」にというように、その時間がどんな時間なのか、時間の意味を変えられます。**

コーヒーを飲む時も同じです。ただなんとなく眠気覚ましに飲むだけなら「役割の時間」、または無意識に過ごしている「浪費の時間」かもしれません。でも、コーヒー豆を数種類用意して、毎日違う豆で淹れる。そこまでは面倒という人は、コーヒーカップをいろいろ用意して、気分に合わせて選ぶ。喫茶店でもカップを選ばせてくれる店がありますが、選ぶ楽しみがコーヒーの時間を「幸福の時間」に変換してくれます。

そこまでするのが大変ならば、コーヒーに集中するだけでもいいと思います。コーヒーを淹れる時、飲む時に、香りや味に集中する。これだけでも時間がきっと変化します。

では、４つの時間について具体的に説明します。

「幸福の時間」はやりたいこと、喜びを得られることをして幸せを感じる時間。
「投資の時間」は目的のために努力している時間。
「役割の時間」はやらなければいけないことをしている時間。
「浪費の時間」は無意識に過ごしてしまうムダだと感じる時間です。

といっても完全にひとつずつには分けられない時間もあります。「投資」と「幸福」が両方ある時間もあれば、「役割」と「幸福」が両方ある時間もあります。

４つの時間をどう配分するか、人によって選択は異なります。
たとえば44ページの表のAさんとBさんのケース。同じ行動に対して、時間の仕分けは違っています。**その時間にどんな意味を持つかによって、その時間の価値は変わるのです。**

1 「幸福の時間」

▷やりたいこと、喜びを得られることをしている時間。行為そのものが幸福や喜びになる時間。

2 「投資の時間」

▷目的のために努力をしている時間。目的を達成するためのプロセス時間。

3 「役割の時間」

▷やらなければいけないことをしている時間。家事や雑務、仕事など、自分の役割として費やさないといけない時間、生活のための行動時間。

4 「浪費の時間」

▷無意識に過ごしている時間、ついやってしまうムダだと感じている時間。やりたいことややるべきことができなかった時間。

同じ時間でも、時間の意味は同じではない

AさんとBさんの「時間の仕分け」	Aさんの場合	Bさんの場合
睡眠	役割の時間　睡眠をとらないといけないという義務感がある	投資と幸福の時間　気持ちよく眠る喜びを実感＋明日のパフォーマンスを考える睡眠
通勤時間	浪費の時間　電車内ではスマホで動画を見たり、ボーっとしたり	投資の時間　電車の中で資格の勉強を
会社での雑談	役割の時間　気を使って周りの人と会話	幸福の時間　仲間と話すことに喜びを感じる
プロジェクトの打ち合わせ	役割の時間　仕事上必要なこと	役割と幸福の時間　仕事でやるべきこととやりたいことを同期
定例会議	役割の時間　ルールとして出席が義務付けられている	役割と投資の時間　出ないといけない会議で内職を
上司への報告	役割の時間　上司から求められている	役割と投資の時間　簡潔にわかりやすく伝える訓練にも
資料づくり	役割の時間　頼まれたのでやる	役割と投資の時間　自分の成長につながる資料づくりをする
新しい企画づくり	役割の時間　企画を出さないといけないのでやる	幸福の時間　新しいことを考えることが喜びに
ランチ	役割の時間　栄養補給としての食事	幸福の時間　好きなものを食べる喜びに
一服時間	浪費の時間　なんとなく習慣でたばこを吸う	幸福の時間　たばこを吸うときにリラックスを心がける
経費精算	役割の時間　やらないといけないのでやる	役割と幸福の時間「ながら」を取り入れ、楽しみながら精算
飲み会	役割の時間　周りの目を考えると出ないわけにはいかない	幸福の時間　行きたくない飲み会は断り、仲良くなりたい人との飲み会のみ参加
夕食	役割と浪費の時間　なんとなく食事をしながらテレビを見る	幸福の時間　好きなものを食べる喜びに
帰宅後の入浴	役割の時間　清潔にしないといけないため	幸福の時間　毎日のリラックスタイムに
帰宅後の晩酌	役割の時間　仕事モードをリセットする	幸福の時間　毎日のビールは至福
毎日のランニング	投資の時間　最近太ってきたので、やせるために	幸福と投資の時間　ダイエット目的をもちつつ、走ることの心地よさを実感
SNSを見る	浪費の時間　なんとなく習慣でダラダラと	投資の時間　勉強になる、未来につながる記事を見る
動画を見る	浪費の時間　寝る前になんとなく動画を見る	投資の時間　勉強になる、未来につながる動画を見る
本を読む	投資の時間　新しいことを学ぶために	幸福の時間　好きな本を読む喜びに

スペシャルな毎日よりもパーフェクトな1日を

この4つの時間ですが、それぞれの時間に対する「意識」が必要です。たとえば、「幸福の時間」を増やしたければ「幸福の時間であることを意識」することです。人は無意識でいると、つい「幸福」に気づかなくなる生き物です。

世界的に有名な哲学者、アランのこんな言葉があります。

人は「幸せだから笑うのではない。笑うから幸せなのだ」

意識して「幸福の時間」をつくらないと、幸福はなかなか生まれてきません。**逆に考えれば、意識的に幸福の時間をつくることも可能だということです。**

コーヒーとの向き合い方のように、時間への意識を変えることを**「時間磨き」**と僕は呼んでいます。同じ時間でも、磨き方次第で、その時間への感じ方が大きく変化します。

たとえば毎日を大切に生きたいと思った時。
本当は毎日をスペシャルにできたらいいのでしょうが、そんなに簡単にスペシャルにはできません。
たとえ毎日をスペシャルにはできなくても、「時間磨き」をすればパーフェクトな1日を目指すことはできるんじゃないでしょうか。

「スペシャルな毎日」は非日常的な時間がベースです。一方で「パーフェクトな1日」は日常の時間がベースでもつくれます。日常のさまざまな時間を磨き、そこに喜びや幸せを感じていく。それがパーフェクトな1日につながります（これはその1日が完璧でなくても、自分が満足できる1日にするという意味なので、「完璧主義」とは異なります）。

スペシャルな毎日より、パーフェクトな1日に。

こう考えれば、今日からすぐにやれることがあります。

時間を磨くひとつの方法が、視点を変えてみることです。

平凡な日常を淡々と描く映画がありました。劇中、大きな出来事も起きず、日が昇り、沈んで、また次の日になる。そんな日常が描かれているのですが、そういった作品を見ると、幸せな気持ちがわいてきます。

平凡だけど丁寧な暮らし。それは当事者からすると、飽き飽きするものかもしれませんが、映画の観客という**第三者からは幸福感に満ちた時間に見えます。**

この感覚を自分の日常に持ち込むのです。

自分がコーヒーを飲んでいるシーンを第三者の視点で見たら、その人が幸せそうに見えるかどうか。

そんなことを意識していると、実は日々の中に幸福の種がたくさん落ちていることに気づけるんじゃないでしょうか。

「時間のポートフォリオ」をつくるだけで行動が変わる理由

自分の時間配分を見える化させる

自分の時間がどう構成されているかを知るためにつくってほしいのが、**「時間のポートフォリオ」**です。

ポートフォリオとは、お金の世界では「資産の配分」という意味で使われますが、「時間のポートフォリオ」は、「自分の時間配分」という意味です。つまり、4つの時間（幸福・投資・役割・浪費）をどう配分しているかということです。

「多忙で、時間に追われている」という人の時間のポートフォリオは、「役割の時間」が多くなって、こんな感じじゃないでしょうか。

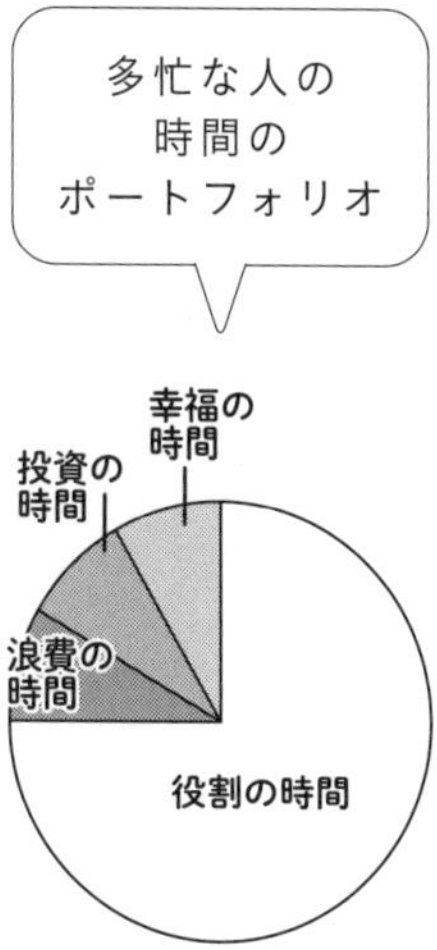

一方で、「時間をついダラダラ使ってしまう」という人のポートフォリオは、こんなイメージです。「浪費の時間」が多くなります。

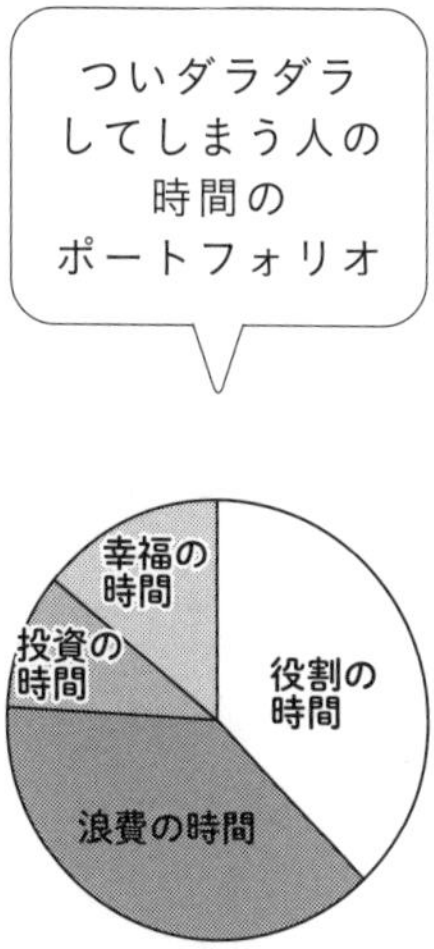

こうやって時間のポートフォリオを円グラフにすると、**自分がどういう時間を過ごしているかが「見える化」します。**見える化って、大切です。自分が思っていることと現実は、乖離《かいり》することがよくあるからです。

体重計に毎日乗っていると、体重の増減が見える化し、自分の体重を正確に把握できるのですが、体重計に乗らないでいると、思っているよりも体重が増えていたなんてことがありえます。

バイアスがかかり、「太っていないはず」「このくらいならば体重に変化はないはず」という自分の願望が、事実をゆがめるからです。

同じように、なんとなく時間を過ごしていると、「役割の時間」や「浪費の時間」にどのくらいとられているかがあいまいです。なので、時間のポートフォリオをつくって、自分の理想と現実のギャップを知る必要があるのです。

では次に、自分の**理想の時間のポートフォリオ**も書いてみてください。

「幸せの時間」が多い人生を歩みたい。成長するために「投資の時間」をしっかりとりたい。そんな思いがあれば、「幸福の時間」も「投資の時間」も多めのこんなポートフォリオになるかもしれません。

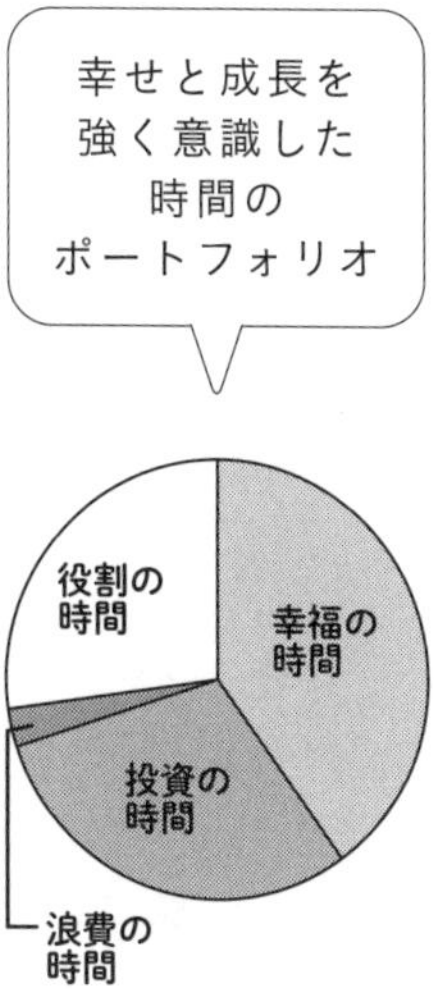

理想の時間配分がわかれば、あとは現実とのギャップをどう埋めていくかを考えていくだけです。

理想のポートフォリオが見える化すれば、意識がそちらに向きやすくなり、結果的に行動も理想に近づいていってくれるはずです。時間のポートフォリオを書き、自分の時間配分を見える化させてください。

プリンを食べるか、ガマンするか、その迷いをなくすには

自分の時間の「選択基準」を決める

4つの時間を意識すると、時間の選び方が変わります。

「はじめに」で書いたプリンの例で、改めて考えてみたいと思います。

喫茶店に入った時のこと。メニューに「昔ながらのプリン」がありました。

「昔ながらのちょっと硬めのプリン、大好きなんだよね」

最近のプリンはとろとろ系が多く、硬いプリン好きの彼は、注文するかどうか迷いました。

「小腹もすいたし、このプリンおいしいだろうな。食べたい……」

昔ながらのプリン

心がそう叫んでいます。

一方で、こんな心の声も。

「3日前からダイエットをスタートしたばかりじゃないか。今回は絶対成功させるって自分に誓っただろ！　ここはガマンだ」

「ここでプリンを食べたら最高に幸せだろうな」という気持ちと、「今はダイエット中だから、ガマンしなくては」という気持ち。

2つの感情が天使と悪魔のように心の中で葛藤しています。

あなたなら、どちらを選びますか？

「今はプリンを食べて、その分、あとでほかの食事で調整すればいい」

「食べたいものを食べて、その分、運動すればいい」

そう考える人もいるかもしれませんが、それが簡単にできないから悩みます。

だって、ダイエットをしないといけない理由が「食べることをガマンできない。運動もそこまでできない」からかもしれません。

ここでテーマにしたいのはダイエットではなく、「時間の選択」についてです。

●プリンを食べることを選択

↓今の時間を幸せに過ごしたい！ 幸福の時間を選択

●プリンをガマンすることを選択

↓目標（ダイエット）を達成したい！ 投資の時間を選択

今の幸せを選択すると得られるのが**「幸福の時間」**です。

幸福はちょっと抽象的なものかもしれないですが、**この5つの「感」が幸福につながる大事な要素**です。

①満足感　②充実感　③達成感　④快感　⑤安らぎ感

一方で、将来の目標達成のための選択をするのが**「投資の時間」**です。

自分がこの先クリアしたい目標（たとえば試験に合格したい、売上目標をクリアしたい、3キロやせたいなど）を達成することを最優先した選択です。


もし、プリンを食べる選択をした場合。

その瞬間は「幸福の時間」かもしれません。でもその後に、自己嫌悪を感じるかもしれません。

「自分はなんて意志が弱いんだ。だからやせられないんだ……」

「投資の時間」を
選ぶと

得られること

- 将来の満足感
- 将来の充実感
- 将来の達成感
- 将来の快感

「幸福の時間」を
選ぶと

得られること

- 満足感
- 充実感
- 達成感
- 快感
- 安らぎ感

やせるという目標を優先させたいなら、ここはガマンです。

でも、得てして人間はそんなに正しい選択はできないものです。それに、本当は何が正しいのかもよくわからない。「絶対的な正解」なんてないのかもしれません。

あるのは**「その時の自分の選択」**です。これはダイエットの話に限りません。


「今」の幸福の時間を選ぶか、「将来」のための投資の時間を選ぶか。


時間の選択で迷ったときは、４つの時間を考えてみます。

「最近は役割の時間ばかりで、幸福の時間が思うようにとれてなかった」

「このところ、資格をとるための勉強時間を増やしたので、投資の時間ばかりで、幸福の時間が少なかった」

そう思ったら、ここでは幸福の時間を選択するのはありですよね。

つまり、プリンを食べる。

「役割の時間」や「投資の時間」ばかりだと、息が詰まることもあります。

人生をもっと幸福で満たしたいという思いもあると思います。

一方、こんな時はプリンをガマンしたほうがいいかもしれません。

「最近、幸福の時間がたくさんとれていて、満足感の高い日々を過ごしている」

４つの時間の配分を考えながら、自分が求める理想の時間のポートフォリオに近づけていく。そのための行動をとる。そうすることで**時間の選択力**が向上していきます。

50歳の人の残り時間は体感でたったの「15年」？

1年の「感覚時間」はどのくらいか

「人生は自分が思っている以上に短い」

先人たちの多くが、こういう言葉を残しています。

僕は今50代ですが、ここまでの人生、信じられないくらいあっという間でした。

1年は、感覚的には6か月くらい。犬の成長が速いことにたとえて「ドッグイヤー」という言葉がありますが、**人間の印象による時間感覚「イン**

プレッションイヤー」も相当スピーディーです。

時間が過ぎていく感覚は、年齢とともにどんどん速くなっていきます。人は初めての経験を強く記憶する性質があるそうです。昔のことをよく覚えているのは、そのためです。

また、慣れやルーティンは体感時間が短くなります。さらにスマホやネットを見ている時間も、体感時間が短くなるともいわれています。

「インプレッションイヤー（印象時間）」をベースに考えると、残りの人生は実際の半分くらい、もしかするともっと短い感覚かもしれません。

たとえば、**50歳の人が80歳まで生きると考えると、実時間は30年ですが、インプレッションイヤーはたったの15年です。**

ウダウダしている時間はもったいない。やりたいことは、やっぱりやったほうがいいし、ガマンしていることは手放したほうがいい。

スティーブ・ジョブズはこんな言葉を残しています。

「時間は限られている。だから、他人の人生を生きることで自分の時間をムダにしてはいけない」（ジョブズはいい言葉をたくさん残してますね）

思った以上に時間はないということを僕に教えてくれた言葉があります。

「仮に親が60歳とすると…20年（親の残された寿命）×6日間（1年間に会う回数）×11時間（1日で一緒にいる時間）＝1320時間　つまり、あなたが親と一緒に過ごせる日数はあと55日間しかないのです!!」

これは『親が死ぬまでにしたい55のこと』という本の帯のコピーです。

こうやって**数値化されると、時間が限られていることをあらためて認識できます。**

後悔あとに立たずです。手遅れになる前に、時間について真剣に考え、自分の望む時間を増やしていきたいところです。

時間はすごい
スピードで
どんどん
過ぎていく

第2章

人生の目的は「幸福の時間」を増やすこと

第2章のキーポイント

キーポイント 1

幸福の時間は3兄弟。
系幸福時間
系幸福時間
系幸福時間

キーポイント 2

自分を変えるための
時間
の法則。

キーポイント 3

を変換すると、
苦手な時間を減らせる。

答えは333ページに

キーポイント 4

幸福の時間を増やすには
（　　）の循環を生む。

キーポイント 5

（　　）視点をもつと
時間の価値が変わる。

キーポイント 6

消費、投資、浪費以外の
第4のお金の使い方
（　　）費。

人生の目的は「幸福の時間」を増やすこと

ガマンしたままで人生を終えるのはもったいない

日本人は死ぬ時に、もっともたくさんのお金を持っているといわれています。

実際の調査でも、そのことを示《し》唆《さ》するデータがあります。60代、70代が突出した金融資産を持っているのです（日銀金融広報中央委員会が調査した『家計の金融行動に関する世論調査』〈2022年〉による）。

将来への不安がそうさせているのかもしれませんが、やってみたいことをガマンしてお金を貯めてそのまま生涯を終えたとしたら、それはもったいない。

熟年離婚をした知人がいます。

彼女は60代になって離婚を決断しました。その理由を聞いたところ、こう教えてくれました。

「これまでの人生は妻、親という役割をこなすことを最優先に生きてきたけれど、いつも心にぽっかり穴があいたような状態だった。自分の残りの人生の時間を考えたら、今のままじゃダメだって思ったんです。もっと自分の幸せのために行動しようって。これまでは夫の顔色をうかがいながら生きてきましたが、そんな時間はもったいないので離婚しました。自分がやってみたいことをこれからはどんどんやっていきます」

彼女の話は、典型的な熟年離婚の理由のひとつです。

時間のポートフォリオが「役割の時間」中心になっていたこれまでの人生をやめて、これからは「幸福の時間」中心のポートフォリオをつくっていきたい。そういう思いが、離婚を決断させたのです。

離婚したことを、子どもはどう思っているのか聞いてみたところ、子どもも賛成してくれたそうです。

「『お母さんがやりたいように生きたほうがいい』と子どももいってくれたんです。『お母さんの人生はお母さんのものなんだから』っていってくれた時は、涙が出ました」

この本の「はじめに」で、時間は大切なものだけれど、大切にできていないという話を書きました。

時間を大切にする一番の方法は、「幸福の時間」を増やすことではないでしょうか。

人生で一番大切にしないといけないのは「幸福の時間」を増やすこと。

僕は、そう思います。

ただ、誤解しないでほしいのですが、「幸福の時間」とは自分のやりたいことをひたすらやることだけではありません。**人に喜んでもらうことをすることも「幸福の時間」にできますし、将来に向けての努力をしていく「投資の時間」も、「幸福の時間」にすることはできます。**

ポイントは、その時間に「自分でどういう意味をつけるか」です。

意味のつけ方次第で、「役割の時間」「投資の時間」「浪費の時間」を、「幸福の時間」にすることもできるのです。

幸福の時間は「3兄弟」だった

幸福の時間とはどんな時間のこと？

人生の中で「幸福の時間」を増やしていくこと。これはこの本のテーマのひとつです。

あらためて考えると「幸福の時間」はどんな時間でしょうか？

あなたが最近感じた「幸福の時間」はどんな時間ですか？

頭に思い浮かべてみてください。

好きな人と過ごした時
おいしいものを食べた時
仕事で大きな成果が出た時
友だちと恋愛トークで盛り上がった時
満開の桜を見た時
好きなだけ寝ていられた時
やってみたいことに挑戦できた時

「幸福の時間」は、55ページで「5つの感」（満足感、充実感、達成感、快感、安らぎ感）のある時間だと紹介しましたが、別の視点からも見ることができます。

たとえば、脳内物質の視点から整理すると次の3種類に分けられます。

「ドーパミン系幸福の時間」「セロトニン系幸福の時間」「オキシトシン系幸福の時間」（『精神科医が見つけた3つの幸福』より）。この3つには先ほどの「5つの感」がすべて含まれます。

この3つは、いってみれば**「幸福3兄弟」**です。

●長男　ドーパミン系幸福の時間

ドーパミンは楽しいことをしている時や目標を達成した時に出る脳内物質です。

快感物質ともいわれます。

大好きな音楽を聴いた時、人からほめられた時、おいしい食事をしている時、仕事で成功した時、何かを成し遂げた時などに出ます。

「快感」「達成感」「満足感」「充実感」という感情につながります。

●次男　セロトニン系幸福の時間

セロトニンは精神を安定させる働きがあるホルモンで、不安を取り除いてくれます。セロトニンが不足するとイライラしたり、落ち着かなくなったりします。温泉に入ったり、ゆっくりウォーキングしたりと、ゆったりとした気分になると出ます。

「安らぎ感」「満足感」「充実感」という感情につながります。

●三男　オキシトシン系幸福の時間

オキシトシンは信頼関係ともつながっていて、スキンシップやマッサージなどで出る物質です。

「安らぎ感」「満足感」という感情につながります。

この3つの時間は、すべて「幸福の時間」につながります。

ドーパミン系がより幸福感を得やすいとか、オキシトシン系がより感じるなど、人によって変わります。

自分はどの時間が幸福感を得やすいかを知っておくといいですね。


自分に合った幸福感を知ることが、「幸福の時間」を増やすことにつながります。

「時間複利の法則」で時間の価値を変える

やらなければいけないことを優先する人

幸せの先送りをしてしまう人の特徴のひとつが、「やりたいこと」よりも「やらなければいけないこと」を優先させてしまうことです。

会社員ならば、組織やチームの中で役割があり、上司や部下から頼まれる仕事もあります。家事だったら掃除や洗濯をしないといけないということもあります。

「やらなければいけないこと」に使わないといけない時間が、人生にはかなりあります。特に、まじめな人はその傾向が強いかもしれません。

そんな時は、この考え方をぜひ身につけてください。

「やらなければいけないこと」を「やりたいこと」に変換する、という考え方です。

これができると、「やらなければいけないこと」が「幸福の時間」に変換されます。「やりたいこと」をやるのは幸せですよね。

その時にヒントになるのがこの考え方です。

「何かをやって、その成果としてごほうびをもらうのではなく、やること自体がごほうびになるようにする」

いい大学に入りたいから受験勉強をがんばる。

営業の成績を上げたいから仕事をがんばる。

大会で優勝したいから練習をがんばる。

目的や目標を達成するために努力をする。そのために時間を使う。これは「投資の時間」です。

時にガマンをして、つらくても努力をしてきた経験がある人は多いと思います。僕自身もその一人です。

しかし、ある時に気づきました。

何かを達成すると、その時は達成感や喜びがあるけれど、そういう感情はあまり長持ちせず、「また次の目標を達成しないといけない」という気持ちが生まれてくることに。

仕事でベストセラーを出しても、また次もベストセラーを出さねばならない。

これじゃあ、**達成感や喜びは一瞬で、永遠にゴールのない追いかけっこをしているの**ではないか。

果たしてがんばって達成することは幸せなのか？　そう気づいてしまって以降、考え方を大変換しました。

やっていることそのものが楽しい、うれしい、幸せだと思えることにできるだけ時間を割こうと決めたのです。

もちろん、だからといって「やらないといけないこと」を放棄したわけではありません。

「やらないといけないこと」をまずは「やって楽しい」に変換できないかを考えるようになったのです。

変換できないか考えるだけでも、時間に対するとらえ方が大きく変わりました。

明らかに「幸福の時間」を増やすことができたのです。

役割の時間ばかりの1日

短時間で準備
して出かける。
1分もムダに
しない

駅までただ
ひたすら
早歩き

役割と幸福の時間のバランスがとれた1日

コーヒーを
豆からひいて
ゆっくり味わってから
出かける

季節の変化を
観察しながら
早歩き

目的の変換をすると時間の価値も変化する

「やらなければいけないこと」を「やりたいこと」に一気に変換するのは難しいかもしれませんが、徐々に変えていくことは可能です。

それは、**毎日「小さな変化」をしていく**ことです。

小さな変化を続けていくことを**「時間複利の法則」**と僕は呼んでいます。

「複利」とは投資や預金などで使われる言葉で、投資で得た利子を元本に組み入れていく計算方法です。これにより利子がプラスされて投資のもとになる金額が増え、同じ利率で利益が出た場合、金額はどんどん大きくなります。

自分を変えていく時も同じことがいえます。

「元の自分＋変化した自分」がベースになっていくので、どんどん変化の度合いが増えていきます。

たとえば、やりたいと思ってやっていた仕事が、だんだん義務感だけで行うものになってしまった場合。

今の仕事の中に「興味が持てる部分」「おもしろいと思えそうな部分」「好きな部分」を見つけて、1日10分だけでもその時間を「楽しい」「おもしろい」「興味が持てる」という意識で仕事に取り組んでみる。

そして、その10分を徐々に20分にしていく。もしくは10分を複数回実施する。10分のままでも大丈夫です。

このように、**毎日の中に「小さな変化の時間」をつくり出し、その時間を積み重ねることで「大きな変化」につなげていきます。**

これが「時間複利の法則」です。

小さな変化をつくるためには、**意識的に目的を変換する**ことも有用です。

僕も目的を変換することで、小さな変化を起こして苦手を克服できたことがあります。

以前は、仕事での会食が苦手でした。理由は会食を「仕事の手段」と考えていたからです。

仕事のためにその人と近づきたい。そのために食事に行く。

こういう考えでいた時は、会食は楽しめない時間でした。いくらおいしい料理を食べても、味をあまり感じませんでした。

そんな状況を変えたいと思い、ある時から**会食の目的を変えました。会食は仕事の手段（投資の時間）ではなく、相手と仲良くなるための「幸福の時間」にする**ことにしたのです。

仲良くなる、おいしく食べる、楽しい時間にする。そう決断しました。

すると、少しずつではありますが、会食の時間価値が変化していきました。つらいな、大変だなと感じてばかりいたのが、だんだんと「この部分は楽しかった」「ここは勉強になった」と思えるようになり、そして今では楽しくて、幸福な時間に生まれ変わったのです。相手が変わったのではなく、自分が考えを変えただけで、時間の価値が大きく変化しました。

苦手だった「雑談」も、目的を変換することで克服しました。

仕事の打ち合わせ前の雑談を、以前は「打ち合わせをスムーズに進めるためのアイスブレイク」と考えていて、「投資の時間」として設定していたのですが、当時は雑談が苦手でした。

でも、雑談を「相手と仲良くなるための時間」と目的を変えて以降は、雑談がグッと楽しく「幸福の時間」になりました。楽しくなったせいで、ついつい雑談が長くなってしまうくらいです。

時間の目的を変える。そして少しずつでいいから変化していく。これこそが、「役割の時間」や「投資の時間」を、「幸福の時間」に変化させる方法です。

喜びの循環で「幸福の時間」を増やす

以前、あるスポーツ選手を取材した時のことです。

どんなことを考えてプレーしているのかという質問に対して、こんな回答がありました。

「ファンに喜んでもらえるように、がんばってプレーをしています」

この回答に当時、ちょっと違和感を持ちました。

ファンが喜ぶかどうかは、プレーを見たファン側の反応にかかっています。選手が決められることじゃないので、選手はただひたすらいいプレー、勝負につながるプレーだけを考えているんじゃないのかと思ったからです。

そう思ったことをその選手にそのままぶつけました。

するると、こんな返答をしてくれました。
「たしかに喜んでもらえるかどうかはファンが決めることです。でも、自分はファンが喜んでくれることが、何よりも自分の喜びになるんです。ファンの笑顔が、自分の幸せになるんです。いってみれば、自分の幸せのためにも、ファンに喜んでもらいたいんです」

「情けは人のためならず」という言葉があります。
この言葉の意味には、ふたつの読み取り方があるようです。ひとつは「まわりまわって、自分に返ってくる」という意味。もうひとつは「情けは見返りを求めてかけるものではなく、自分のためにかけるもの」という意味です。どちらの意味も、人にかけた情けだけど、結局は自分のためでもあるということです。

喜びを与えるのも、似ています。

「人を喜ばせることは、自分の喜びになる」

このことは「幸福の時間」を生むヒントになります。

「やらなければいけないこと」を「幸福の時間」に変える、もうひとつの方法、それは**「誰かを喜ばせる」という視点を持つこと**です。

料理するのは面倒だけど、家族の喜ぶ顔を見たいからつくる。

この事務作業はやりたくないけど、頼んできた同僚に喜んでもらうためにやる。


「誰かのために」と思えた時、人はモチベーションが上がり、がんばろうという気持ちが生まれることがあります。人間の脳はそうできています。

「誰かのため」は、結局は自分のためにもなるのです。


電車で人に席を譲ると、譲られた人よりも譲った人のほうが幸福度が高くなるといわれています。いいことをすると、自分にとってもいいことになるんです。

ただ、**この時に注意したいのが、相手に見返りを求めないこと**です。喜んでもらったことの見返りを求めると、相手から返ってこない時にイライラ、モヤモヤした気持ちが生まれてしまい、「幸福の時間」ではなくなってしまいます。

自分の幸福度を上げるためと思い、「ただ喜んでもらう」「ただ与える」。

一方で、もし自分が相手から「受け取る側」になったとしたら、その時はしっかりと「ありがとう！」「うれしい！」という感情を伝えると、相手もうれしくなるはずです。この**「喜びの循環」**が生まれると、お互いの時間の価値が高まります。

「誰かのためを思ってやる」「見返りを求めない」「してくれたことに喜ぶ」

これが、「やらなければいけないこと」を「やりたいこと」に変換するコツのひとつです。

ドローン視点で時間を高いところから見てみる

時間を「遊び化」できないか考える

「時間の遊び化」も「幸福の時間」を増やす方法のひとつです。

「ホモ・ルーデンス」という言葉があります。

これはオランダの歴史家・ホイジンガが1938年に提唱した考えで、ホモ・ルーデンスは「遊ぶ人」という意味です。

人間は元来ホモ・ルーデンス、つまり遊ぶことを本質とする存在であるというのです。

仕事もせずに遊んでばかりいると「遊ばないで仕事しろ」などといわれそうですが、**もともと「遊ぶこと」は人間に組み込まれた本能であり、人間の本質**です。遊びたくなる気持ちが起きるのは自然なのです。

ここで遊びの定義をしておきたいと思います。遊びとは、

「生存のために必要な行為ではなく」
「何かに役立つ行為でもなく」
「自分の意志で行い」
「心を満たす自由な行為」

です。

ほとんどの動物は生存活動に時間の大部分を使います。食べるものを見つけ、敵から身を守り、子孫をつくる。

一方で現代人は、旅行に行ったり会食をしたり、エンターテインメントを楽しんだり。いってしまえば生存活動ではない「遊びの時間」に多くを割いています。ディズニーランドやユニバーサル・スタジオ・ジャパンに行くと気持ちが盛り上がるのも、サッカーや野球の試合を見て熱くなれるのも、ホモ・ルーデンスとして自然なのです。

話を時間に戻します。

人間はホモ・ルーデンスなので、遊びの要素を組み込めれば、幸福の時間を増やすことができるはずです。

そのために、**時間を遊び化できないかを考えてみることです。**

たとえば仕事の時間。**仕事をイヤでもやらないといけないのは、仕事が生存活動（経済活動）という側面が大きいから**です。

でもどうせやるなら、イヤイヤじゃないほうがいいですよね。どうやったら仕事を遊び化できるでしょうか。

ドローン視点で仕事を遊び化する

ひとつは**「ドローン視点」**です。

仕事って、実はゲームと構造がとても似ています。

ゴールに到達するために、途中で課題をクリアしたり、敵を倒したり味方を増やしたりしながら、先に進んでいく。途中でクリアするごとに、自分を成長させていく。

仕事とゲームは共通点だらけです。

ゲーム化のコツは、とにかく視点を高いところに持っていくことです。これを僕は**「ドローン視点」**と呼んでいます。

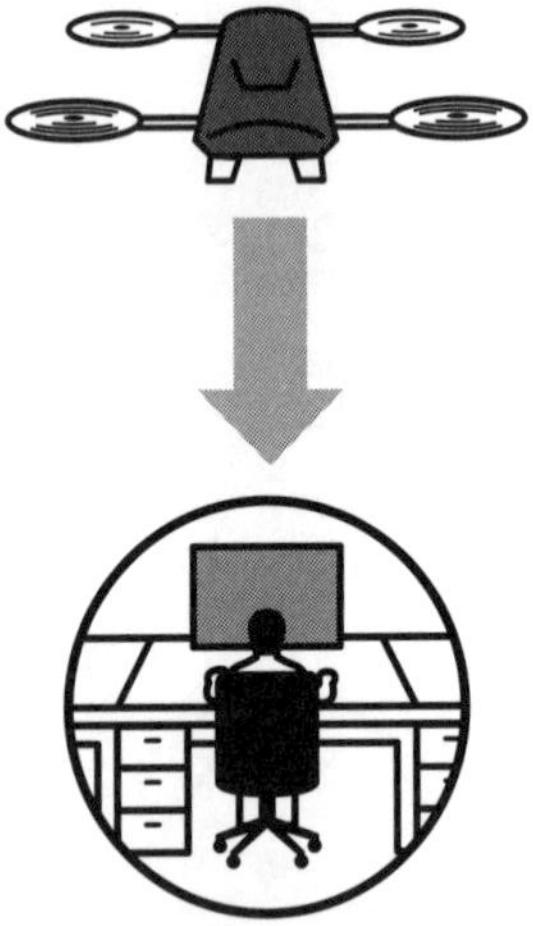

高いところから
見てみる
イメージ

地上100メートルの高さにドローンを飛ばして、ドローンから自分の仕事風景を想像してみてください。

たまりにたまった仕事のTODOリストはどう見えるでしょうか？　イヤな交渉やトラブル処理、苦手な人との人間関係も、なんだかちっぽけなものに見えてこないでしょうか。

ドローン視点だと、感情が乱されているような現実も、まるで第三者のような視点で見ることができるかもしれません。

喜劇王チャーリー・チャップリンはこんな言葉を残しました。

「人生は近くで見ると悲劇だが、遠くから見れば喜劇だ」

この**遠くから見るというのが「ドローン視点」**です。

自分が直面すると、「うまくいかない」「嫌い」「苦手」「大変」など、ネガティブな感情に支配されることでも、第三者として見れば、「おもしろい」「楽しい」などポジティブな感情でとらえられることが多々あります。

たとえば、「企画書をつくる」という仕事で、いいアイデアが浮かばない時。

ドローン視点で、オフィスで自分がデスクに座って企画書をつくっている姿を、地上100メートルから見てください。

その100メートルの視点から、「オフィスの自分」をゲームだったらどう操るかを考えてみます。

ゲームの主人公キャラは「オフィスの自分」です。

自分キャラを操作して、たとえば、周りで仕事の能力が高い人（キャラ）に、アイデアが出ないことを相談してヒントをもらう。

または、アイデアのヒントを探しに、本屋さんに自分キャラを行かせる。

こんなふうに**客観的視点で自分を見て、仕事をゲーム感覚でとらえていきます。**


仕事で面倒な交渉をする場合は、ゴールを明確にして、交渉相手を「敵キャラ」に設定する。交渉ごとは、ゲームのステージをクリアするための「ハードル」にする。

これが、仕事のゲーム化であり、遊び化です。

仕事を「幸福の時間」にできないリスク

こうした考えに対し、こんな疑問を持った人もいるかもしれません。

「理論はわかったけど、感情ではそんなふうにするのは難しい。仕事を遊び化なんて、なかなかできないよ」と。

たしかに、理論がわかったからといって、すぐにできるようになるものではないですよね。バッティング理論がわかったら、すぐにバッティングの名手になれるなんてことはありません。

なので、理論を実践していくことが大切です。実践しながら、「小さな変化」を積み重ねていってください。

ちなみに、仕事とゲームでは感情に違いが生まれるのは、**「リスクの差」**があるからです。

仕事でうまくいかないと自分の経済活動に支障が出る、評価が落ちる、周りの人に迷惑がかかる。そういうリスクがのしかかってきます。

一方でゲームは、やめてしまえばそれで終わり。

でも思うのです。

リスクを気にするあまりに、**仕事を「やらなければいけないこと」としてとらえ続けていたら……。**

人生において「幸福の時間」が大切と考えるならば、仕事を「やらないといけないもの」のままにしておくほうが、人生のリスクになってしまうかもしれません。

リスクの種類は違えども、どっちを選択してもリスクがある。ならば、どちらのリスクをとったほうが後悔のない選択になるか。

その判断は大きな分かれ道になるかもしれません。

お金を幸福のために使う「幸費」という考え方

お金に関する本を読むと、よくこんなことが書いてあります。

お金には3つの使い方がある。
「消費」と「投資」と「浪費」だ。
浪費を減らし、投資に回すことがお金を増やすコツだ、と。

でも、ここにはひとつ、大切な視点が抜けているんじゃないでしょうか。ここまで書いてきた「幸福の時間」という視点です。

お金を幸福のために使う「幸費《こうひ》」という考え方です。

たとえば、「ちょっと高いけど、大好きなワインを買ったお金」は消費や浪費とは少し違うイメージです。

消費、投資、浪費の3つに分ける考えは、「効率」や「生産性」の視点から見たもので、「幸福」の視点から見たものではありません。

お金を増やすためにはいいかもしれないですが、幸福を求めるのであれば幸福の視点を加える必要があります。

長続きする幸せと長続きしない幸せ

「幸費」という考えをするうえで、あらためて、「幸せってなんだっけ？」を考えてみます。

幸福学を研究している慶應義塾大学大学院の教授・前野隆司《たかし》さんによると、

幸せには「長続きする幸せ」と「長続きしない幸せ」があるそうです。

「長続きしない幸せ」は、所得や資産、社会的地位など、地位財産による幸せで、周りの人と比較することで満足感を得るものです。

年収が高く、人よりも稼いでいても、その時はうれしいかもしれませんが、こういう喜びはあまり長く続かないようです。

また、あっという間に消えてしまう、感情的に幸せな状態（happiness）も長続きしない幸せです。

ゲームでハイスコアを出した、テレビや動画を見てクスッと笑った時に起きる楽しい感情や達成感、爽快感などは、その時は幸せなのですが時間の経過で薄れてしまいます。

一方で、「長続きする幸せ」はどんなものでしょうか。

長続きする幸せは「ウェル・ビーイング」(well-being)と呼ばれています。これは他人と比較して生まれる幸福ではなく、自分で評価する幸せな状態です。

たとえば、やりたい仕事を続けられている。家族といい関係にある。そんな幸せな状態を指しています(『幸せな孤独』より)。

アメリカの心理学者、M・セリグマンなどによってつくられたのが「ポジティブ心理学」です。彼は持続的な幸せの重要性を説き、その幸せは5種類の幸福で構成されていると説明しています(『ウェルビーイングビジネスの教科書』より)。

1 楽しい、うれしい、感謝、充実感、感激

2 時間を忘れて没頭する

3 良好な人間関係

4 人生の目的や意義
5 何かを達成する、成し遂げる

この5つの要素があることが幸福を持続化させるポイントだそうです。

このような研究成果から見えてくるのは、**長く続く幸せのポイントは「状態」にある**ということです。短い時間の単位ではなく、その時間が持続している「状態」です。

たとえば今日、ちょっとした原因で夫婦ゲンカをしてしまった。仕事で取引先から嫌味をいわれた。上司に怒られた。

そんな**イヤなことがあったとしても、ベースにある自分の状態が「幸福状態」なのであれば、イヤな感情は気にする必要もない、すぐに消えるもの**ととらえられるのではないでしょうか。

イヤな感情が頭の中に残り続け、短い時間にしか存在していなかった「イヤなもの」が、頭の中で繰り返すうちに「イヤな状態」になってしまったら、それは大損です。

ベースを幸福な状態にして、「イヤなもの」はどんどんスルーしていく。

自分は幸福な状態がベースだとしっかりと認識しておけば、イヤなことは一時的なものと考えられ、スルーしていくこともできるんじゃないでしょうか。

Column

やりたいことを仕事にするのは幸せなのか？

僕はあるサッカーチームを応援していて、年間、かなりの数の試合をスタジアムで観戦しています。

こんなに熱烈に応援している僕の様子を見た友人から、「サッカーに関する仕事をしてみたらいいのでは」といわれたことが何度もありました。

もし応援するチームのために何かできたら、それは素敵なことです。でも、僕は仕事にしたくない思いもあります。

その理由は、「役割の時間」と「幸福の時間」に関係します。

今の自分は一人のサッカーファンとして、ただ自分のペースで応援をしています。応援そのものが楽しいからやっています。まさに**やることが楽しく幸せな「幸福の時間」**です。

もし自分がサッカーを仕事にしてしまうと、**その瞬間から「目的を達成**

するための時間」（役割の時間）を意識しはじめてしまいます。

たとえば、観客数や収益を増やすには、どうしたらいいか。目的が変化し、そのために発生するのが「やらなければいけないこと」です。

これが、よく議論される「やりたいことを仕事にすべきかどうか」というテーマで起きる問題です。

やりたいことをそのまま「幸福の時間」にできる人は、迷いは生じないかもしれません。ただ、仕事をはじめた当初は「やりたいことができる」と幸せを感じていても、続けるうちに「やらなければいけないこと」が増えて、**「幸福の時間」が「役割の時間」に変わっていくことはあります。**

もちろん、この本でも紹介しているように、「やらなければいけないこと」をまた「やりたいこと」に戻すことはできるかもしれません。

ただ、好きなことを仕事に選択するとこういうリスクがあることを知っておくと、自分の選択基準がより明確になります。

第3章

時間を自分のものにする

第3章のキーポイント

キーポイント 1

（　　）は時間を消していく。

キーポイント 2

（　　）タスクと、（　　）タスクを使い分ける。

キーポイント 3

「時間の（　　）変換」を人生の武器に。

答えは334ページに

キーポイント 4

＿＿＿＿で時間の価値を見える化する。

キーポイント 5

時間を自分のものにする技術
「＿＿＿＿ベース化」。

キーポイント 6

時間を自分のものにする技術
「＿＿＿＿化」と
「エピローグ化」。

シングルタスクとマルチタスクを使い分ける

無意識は時間をどんどん消していく

マッサージに行った時の話です。

僕の担当をしてくれたマッサージ師さんは、とても話好きの方でした。

「最近何かおもしろい映画を見ましたか？」

「僕はスポーツが好きなんですが、最近見た野球の試合で……」

とにかくどんどん話しかけてくれて、楽しく会話を続けました。

そして、終わった時のことです。

「あれ、マッサージの心地よさをまったく感じないまま、終わってしまった」

受けているマッサージに集中するのと、マッサージ師さんと会話をしながらマッサージを受けるのでは、心地よさの感覚がまったく違いました。

会話せずにマッサージに集中したほうが、心地よさを味わえたのです。

ここで考えたいのは「感覚」です。**感覚って、すごく繊細です。**

たとえば、ワインを飲む時（ウイスキーでも、日本酒でも）。人と話をしながら無意識にワインを飲むのと、舌に意識を集中して味わいながら飲むのでは、ワインの味わいがまったく変わります。

時間感覚も同じです。

無意識でいると、時間はどんどんスルーしていきます。

無意識でいたその時間に実は、幸福感や満足感、充実感があったかもしれないのに、それに気づかずにスルーしてしまうのです。

そうならないためには、**「時間をスルーさせない練習」が必要**です。

練習といっても難しくありません。**その時間の「価値」に意識を向けることを忘れないようにするだけ**です。

コツは**マルチタスクをやめて、シングルタスクを心がける**こと。

マルチタスクは複数の作業を同時にこなしたり、短時間で複数の作業を切り替えながら同時並行で進めていくことをいいます。

シングルタスクは、ひとつのことに集中して作業を行っていくことです。

会話しながらマッサージを受けるのも、いってみればマルチタスクです。意識が分散され、心地よさが薄れてしまいます。

スマホを見ながら食事をすると、味を感じにくいですよね。

テレビを見ながら勉強しても、インプットがうまくできないですよね。

全部マルチタスクだからです。

シングルタスクで、今やっていることに意識を向ける。これが時間感覚を高める練習です。

人間の脳はもともと、マルチタスクをするようにはできていません。シングルタスク向きなのです。

ただ、**シングルタスクには弱点があります。**それは「**飽きる**」ことです。シングルタスクを貫くのは、けっこうパワーがいるのです。

人間が続けて集中できるのは15分くらいといわれますが、シングルタスクだと飽きがくるのが早いかもしれません。そんな時は「タスクのスイッチング」を行ってください。

基本はシングルタスク。でも、飽きた、つまらないと感じたら意識的にマルチタスク化する。

シングルタスクとマルチタスクをうまく使い分けることで、時間の価値をより高めていきます。

感情の乱れは自分の時間を奪っていく

「人間の最大の罪は不機嫌である」

これはゲーテの言葉です。

不機嫌は、時間を奪います。

理由は明白。不機嫌な時間は自分にとって幸福度の低い、イヤな時間だからです。

また、不機嫌は周囲に伝染します。すると周りの人の時間も奪ってしまうので、ゲーテがいうように不機嫌はやはり罪なのかもしれません。

不機嫌以外にも**感情の乱れは時間の大敵**です。

不安、心配、不満、不快、怒り、執着、焦り……どの感情もあなたの時間を奪っていきます。

たった一度きりの今という時間を不安や心配事で埋めてしまうのは、もったいないことです。

ネガティブな感情は、もとは生命を守るうえで必要だから存在しています。生存活動のひとつです。

だから、意識して向き合わないとなかなか消せません。

ネガティブな感情を消し去るのは簡単なことではありませんが、**「感情の乱れは自分の時間を奪っているんだ」と意識するだけでも、感情のとらえ方が少しずつ変わっていく**はずです。

意識して練習していってください。

時間の「イミヘン」は人生の武器になる

時間をムダにしてしまう人の残念なクセ

サッカーJリーグのスタジアムの中には、交通の便があまりよくない場所に位置しているところもあります。

試合観戦のあとに帰りのバス待ちで、1時間かかるケースも。

でも、なんです。

僕はサッカーが好きで、これまで数多くのスタジアム観戦に出向いています。

そして、バス待ち1時間という経験を何度もしましたが、そういう時間ほど記憶に焼きついている**「思い出の時間」**になっています。

一方でスムーズに帰れた時のことはほとんど覚えていません。

その理由は、ひとつには通常1時間もバスを待つ時がないので、待つことに非日常感があり記憶に残りやすいからです。

そしてもうひとつは、その時間に一緒に行った友人と**試合を振り返ることで、「待ち時間＝退屈な時間」ではなく、「待ち時間＝非日常的なシーンで楽しく話をする時間」に変換できた**からです。

一人の時も、バスを待ちながら頭の中でその日の試合を思い出します。そういう時間って、けっこう至福です。

バスを待つ時間が苦痛になるか、幸福の時間になるか。

ポイントは、**「時間の意味変換（イミヘン）」**です。

「意味の変換」はこの本で何度も出てきますが、とても重要なところなので、くり返しお伝えします。

時間そのものに「ムダな時間」と「ムダじゃない時間」があるわけではありません。

時間にラベルはついていません。

その時間をムダだと感じるのも、ムダじゃないと感じるのも、自分自身です。

「ムダだと思っていたものをムダじゃない時間に変える」、これで時間の価値が大きく変化します。

「常識の規則緩和」で時間のかじ取りをする

「病院の待ち時間がイヤで病院には行きたくない」といっている知人がいます。

たしかに病院によっては、短時間の診察のために4～5時間も待たないといけないケースもあります。

ただぼんやり待っていると、この時間は苦痛です。スマホをずっと見ていても途中で飽きてくるかもしれません。

待ち時間が長そうな時。僕は「準備」をして病院に行きます。

●病院に行くための「準備」

・コーヒーをポットに入れて持参

・コーヒーに合わせてスイーツも用意する

・ノートパソコンを持ち込み仕事ができるようにしておく

・仕事に疲れたら本を読めるように準備

・スマホで動画を見られるようにイヤホンも用意

ここまで準備をして病院に「臨む」と、4～5時間の待ち時間が「充実した時間」に変換できます（なぜかこういう時間のほうが集中力も高まります）。

「時間の意味変換」のポイントは、他者に判断をゆだねるのではなく、**自分の希望や欲望に沿って、時間を自分でかじ取りしていくこと**です。


バスで1時間待つのはつらい。

病院はガマンして長時間待つもの。

こういう考えは、実は自分の判断ではなく、単なる常識や思い込みだったりします。

でも、時間をうまくかじ取りしている人は、こういった常識や思い込みにとらわれません。いってみれば**「常識の規制緩和」**がうまい。


ちょっと視点を変えてみることで、時間の価値は大きく変わります。

自分をシチュエーションに合わせてイヤな思いをするのではなく、意味を変えて、自分にとってプラスの時間にするための行動をとればいいのです。

「通勤時間」は「電車オフィス」

ネーミングでその時間の価値が変化する

僕の著書『バナナの魅力を１００文字で伝えてください』の中で、「ネーミングの法則」という伝わる技術を紹介しています。

「ネーミングの法則」とは、名前をつけると魅力が高まったり、愛着がわいたり、価値が生まれるというものです。

車に名前をつけているという人に時々会います。

「車に名前をつけて、運転しながら車と会話するんですよ。そしたら、車がまるで友だちのような感覚に変わったんです。友だちを傷つけたらいけないので、運転も慎重になります」

名前をつけると、その存在が特別なものになるんですね。

ネーミングの効果はほかにもあります。そのひとつが**「認識が生まれる」**ことです。

たとえば、仕事で何か新しい気づきがあった時。僕はその気づきに名前をつけるようにしています。

「ファクトとメンタルの法則」

「ずらす法」

「数珠つなぎ連想法」

こうやって名前をつけると、面白いことにその名前をつけたことに、仕事でひんぱんに出合うようになるのです。

これは、名前をつけることでそのことに対する認識が強く生まれたからです。

ネーミングには認識を生む効果があるので、その名前を使い続けると、無意識に「思い込み」を生むこともあります。

たとえば「通勤電車」というネーミング。

通勤電車ってちょっとマイナスな印象がないでしょうか。

混雑した電車で、車内の雰囲気はどんより。避けたいけど、しょうがないもの。

これは**「通勤電車」というネーミングが影響しているか**もしれません。

通勤のために電車に乗っている時間を**「電車オフィス」**とネーミングしたらどうでしょうか。これは僕が実際にやっているネーミングです。

電車に乗っている時間を「通勤のための時間」ではなく、**「仕事をするための時間」に変換**したのです。こうネーミングしただけで、電車に乗っている時間に大きな変化が訪れました。

電車オフィスは自分にとって集中できるとてもいい仕事場です。降りる駅が決まっているので、終わりの時間は明確です。通勤時の電車時間は50分くらいなので、集中を持続するにもちょうどいい時間です。

電車オフィスでは、「事務的なメールを書く」「アイデアを考える」「原稿を読む」など、その時間にやる仕事を決めています。

その日の仕事のＴＯＤＯを決める時も、「この仕事は電車オフィスで」「この仕事はデスクで」など、振り分けをしているので、その時間に何をするかの迷いもありません（帰宅時の電車時間は『リラックス時間』とネーミングしているので、仕事はしません）。

オフィス化だけではなく、電車時間を「自分のための勉強時間」「徹底的に趣味の時間」など、その時間を自分にとってより価値の高い時間にするために、ネーミングをうまく活用してください。

ムダな時間をスケジュールから消す技

「意味の変換」をうまく活用できれば、**ムダだと思っている時間やイヤな時間を減らすこともできます。**

たとえば、自分がムダだなと思う会議にどうしても出ないといけない時。

ムダをなくすために、意味を変換するためのいくつかの視点を用意します。

●視点1　会議の内容で自分に価値があるものがないか探す。

配布資料の中に、仕事の参考になる表現がないか。イマイチな内容であれば、その資料を自分ならどうつくるかを考えてみましょう。

また、発言している人の**プレゼンの仕方に見習う部分がないか観察**して、見つけた要素はメモしておきます。
こうした情報の集積は先々の力になってくれます。

●視点2　ムダな会議に出ることでも得られる対外的価値を探す。

自分への評価を高めるアクションをするという意味です。見方によってはいやらしさもありますが、**会議は自分の評価を上げる場になります。**

自分が中心ではない会議であっても積極的に参加すると、上司や同僚に「やる気がある人」「何でも一生懸命な人」と印象付けられるかもしれません。

●視点3　その時間を「代替時間」にする。

会議の時間に、**「ながら」でできそうなことを探す。**

これはいわゆる内職です。会議にパソコンを持ち込めるなら、内職はしやすい環境にあります。ただ、会議で明らかに内職していると思われると評価が下がるかもしれませんので、注意が必要です。

このように、いくつもの視点を用意し「時間の意味変換」をして、その時間の価値を高めていくのです。同じ時間でもまったく違う時間になります。

その時間の価値を言語化してみる

風呂の時間は何の時間？

質問です。

「あなたにとって、風呂の時間はどんな時間ですか？」

「体をきれいにする時間」「リラックスタイム」「温まるために入るもの」……いろいろな回答が出てくると思います。

この章のテーマは、時間が失われないように時間の価値を高めていくことです。時間の価値を高めるには、なんとなく過ごしている時間（無意識の時間）を減らし、**その時間が自分にとってどんな価値があるかを明確にすること**です。

風呂の時間についてもう少し丁寧に書くと、「あなたにとって『風呂の時間価値』は何ですか？」という質問になります。

僕の場合は次ページの表にある7つだと答えます。

僕は毎日、風呂に2回入ります。朝と夜です。なので1日の中で合計1時間〜1時間15分は風呂時間です。

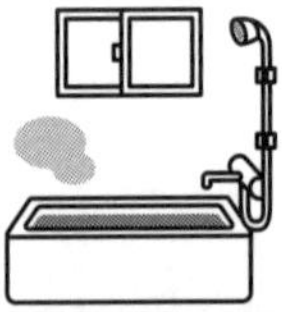

風呂の時間価値（僕の場合）

1	スイッチを入れ替える時間
	朝の風呂は自律神経の交感神経のスイッチをオンにするために入る。睡眠モードから活動モードへの変換。
2	体をきれいにする時間
	体や髪を洗う時間。風呂の一般的な時間価値。
3	思考の時間
	風呂に入っている時間は思考に集中しやすく、血流も影響しているのか、アイデアが出やすくなる。何を考えるかテーマを決めて入り、考えたことは風呂あがりにすぐメモする。
4	読書の時間
	湯船の中では読書も。風呂用の本が脱衣所に10冊くらい積んであり、読む本はそこからセレクト。
5	体を温め、冷え性を改善する時間
	体質改善のために体を温めることを意識。1日2回入るようにしたおかげで冷え性が改善。
6	リラックスする時間
	思考や読書もしているが、リラックスタイムだけにする時も。深呼吸をして、気持ちをゆったりさせる。特に夜は疲れを抜くことを意識。
7	自分と向き合う時間
	悩みや課題がある時は、風呂の中で考える。思考の時間ともかぶるが、風呂で考える悩みや課題は変にマイナスにならず、解決ベクトルで考えが浮かびやすいので、自分と意識的に向き合う時間にもしている。

僕は日々の生活の中で、「風呂の時間」をかなり大切にしています。「何を大げさな」と思われるかもしれないですが、家を引っ越す時、新居を選ぶ一番のポイントが風呂でした。その風呂はとにかく窓が大きく、風呂から空や山の景色も見えて、季節や時間を感じられました。

風呂が大事な理由、それは僕にとって時間価値がいくつもあるからです。

風呂の時間価値を自分なりに明確に書き出したことで、風呂に入ることが自分にとってより大切な行為になりました。以前は、「清潔にするために風呂には入らないといけない」くらいの感覚だったので大きな変化です。

これはなんにでも当てはまります。

仕事で新しいプロジェクトがはじまる時に、**「このプロジェクトの時間価値は何だろうか」と考える。**

なんとなく過ごしている「家族団らん時間の時間価値は何か」を考える。

その時間の価値を考え、言語化することで、時間の価値がより高まります。

時間を自分のものにする技術①「自分ベース化」

上司からのやらされ仕事をイミヘンする

電車での音漏れにイライラしたらどうすればいいか

質問です。電車に乗っていた時のこと。

あなたの隣で、大音量の音楽を聴いていてイヤホンから音漏れしている人がいました。うるさくてイヤな気分です。こんな時、あなたならどうしますか？

音漏れさせている人、たまにいますよね。周りにいる人たちもイヤな気分だと思います。

音漏れさせている人は自分のことしか考えていません。

これを時間という軸で見ると、こういった迷惑な行為をしている人は、自分の視点だけで行動しているので**「自分ベースの時間」**で生きています。

一方で、不快な気分にさせられている周囲の人は、音漏れの人が原因なので、他者に自分の時間を侵食されている状態です。つまり、**「相手ベースの時間」**です。

ここで「自分ベースの時間」と「相手ベースの時間」をあらためて定義しておきます。

「自分ベースの時間」▽自分軸で行動している時間

「相手ベースの時間」▽他人に侵食されている時間

時間の価値を高めるには、いかに「相手ベースの時間」を減らし、「自分ベースの時間」を増やすかが大切です。

もちろん、自分ベースの時間が大切だからといって、音楽を大音量にして、他人の時間を音漏れで侵食するのはマナー違反です。

ここで先ほどの質問に対する僕の回答を紹介します。

電車で音漏れに遭遇した場合は、たとえば次の駅で隣の車両に移れば自分ベースの時間を取り戻せます。

無理してその車両にガマンして居座ると、音漏れが聞こえてくる間は「相手ベースの時間」を過ごさなければならなくなるので苦痛ですよね。

また、その時に感じたイライラが、その日の気分にずっと影響することもあるかもしれません。

僕は、こういう時は自分もイヤホンをして音楽を聴いたり、動画を見たりします。そうすると、隣のことはもう気にならなくなります。

こうやって、自分ベースの時間を取り戻していきます。

たとえば、仕事で「自分はやりたくないんだけど上司からやらされている」という業務の場合。「やりたくない」という感情に支配されたままでは、ベクトルが他人に向いていて、「相手ベースの時間」になっていきます。それは自分にとって時間価値が低い状態です。

自分の時間は、自分の持ち物です。

だから、**「自分ベース」として時間に向き合う**と、自分にとって価値の高い時間を生み出せます。

イヤなことがあった時にどう向き合うかで、人生は変わっていくのです。

たとえば、上司にやらされている仕事の意味を自分の中で変換して、「自分ベース化」できないかを考えてみます。

上司から仕事をやらされている

↓　このままでは相手ベース

↓　「スキルアップできる」「会社からの評価が上がる」など自分にとって価値の高いことに意味を変換

↓　自分ベース化

こうできれば、時間価値は高まります。

といっても、そんな理想通りに自分ベース化して、意味を変換するのは難しい時もありますね。

すぐに自分ベース化できなくても、「どうにか自分ベース化できないか」と考え続けるだけでも意味はあります。**脳は自分が期待する結果を出そうとする特性がある**からです。

続けて考えていくと、脳が本気で意味の変換を促してくれます（もちろん、イヤなことの場合、最初に断ってしまうという選択もあります）。

相手ベースで生きているとグチが多くなる

仕事でグチをよくいう人は「相手ベースの時間」を生きている人です。

相手のせいで忙しい。相手のせいでうまくいかない。いつも誰かのせいにしている人は、思考が「受け身」になっています。この考えでは、結局は「相手がどうか」次第で自分の感情や行動が決まってしまうので、他人に時間を奪われ続けてしまいます。

一方で、**不本意なことや想定外のことが起きても、それをグチや不満ではなく「課題」としてとらえ、自己解決の方法を模索する人は「自分ベースの時間」を生きていることになります。**

グチをいいながら仕事をしている人は、なかなか周りからの評価も上がらないので、そこに不満が生じ、ますますグチが増えていくという悪循環を生みやすい構造で生きています。「自分ベース」か「相手ベース」かで、仕事での評価や人生の満足度の差は広まるばかりです。

「自分ベースの時間」にするために活用したいのが「問い」です。

たとえば、先ほどの電車の中の音漏れの話。

この時に「何でそんなに音漏れさせてるんだ？」と思ってしまうと心も乱されます。これだけでも自律神経が乱れ、自分にとってマイナスな時間になります（200ページの「感情的な反応」になってしまいます）。

そこで、こういう問いをします。

「この状況で、自分がイヤな思いをしないためにはどうしたらいいのだろうか？」

つまり、**解決策を見出す問いをする**のです。たったこれだけなのですが、出てくる答えはただ不満を感じているだけなのと比べて、天と地ほどの差があります。

時間を自分のものにする技術②「プロローグ化」

食事を最高においしくする簡単な方法

行列に並んで食べるラーメンがおいしい理由

問題です。

食事を最高においしくする簡単な方法とは、なんでしょうか？

あなたなら、どう答えますか？

僕の回答はこうです。

「とにかくお腹をすかせること」

いくら素晴らしい料理だったとしても、お腹がすいていない状態では、そこまでおいしく食べられません（一部食通の人はそんなことはないかもしれませんが）。

以前、テレビ番組『情熱大陸』（毎日放送）で、放送作家の小山薫堂《こやまくんどう》さんを取り上げた回がありました。小山さんが50歳の誕生日に熊野古道《くまのこどう》を歩いていたのですが、その道すがら、宿泊した旅館でつくってもらったおにぎりを食べた時のことです。

「今年食べたものの中で一番うまいですね」

小山さんは食通で知られている人ですが、その彼が一番おいしいと思ったのが、その時のおにぎりだったようです。

このシーンが妙に心に響きました。

小山さんご本人に聞いたわけではないのであくまでも僕の想像ですが、番組放送時50歳という節目に熊野古道を自分の足で歩き、お腹が減って食べたおにぎりは最高においしかったんじゃないかと思います。

おいしく食べるために大切なのは、料理の味だけでなく、そこまでのプロローグです。人生の節目というストーリーもプロローグになりますし、なにより**お腹がすいていることは最高のプロローグ**です。

「おいしいものを食べたい！」と思った時、通常は「おいしい料理」のほうに意識が行きます。でも、実はおいしく食べたければ、食べるまでの「プロローグ」も重要なのです。

「プロローグ」とは序章とか序幕のことですが、**時間のプロローグは「ゴール（目的）を盛り立てるためのプロセスストーリー」**を指します。

行列に長時間並んで食べるラーメン。

創業から継ぎ足した秘伝のタレのうなぎ。

線の部分がプロローグになって、おいしさを引き立ててくれます。

食べることだけではありません。

おいしいビールを飲むためにサウナで汗をかき、のどの渇きをガマンする。

休みの日を最大限楽しむために日々の仕事をがんばる。


大切なのは、ゴール（目的）までの「プロローグ」。

この「プロローグ」をつくると、記憶に残るゴールが生まれます。

「プロローグ化」が時間の価値を高めてくれるのです。


営業の仕事ですごい売上を出している知人がいます。

彼に、なぜ営業成績がそんなにいいのか聞いたことがあります。

「自分は話が特別うまいわけでもなく、その場で営業先の人を盛り上げたり、その気にさせたりは苦手なんです。その代わりに自分が大切にしているのが『プロローグ』です。


営業で大切なのは、商品を売る瞬間よりも、売るまでのストーリーだと思って

ます。商品を相手が買いたくなるまでのストーリーを描いて、そのストーリーを実行に移します。愚直にそれをしていたら営業成績につながったんです」

彼は、風の強い大雨の日にズブ濡れになりながら、営業先を訪ねたそうです。その姿が営業先に響き、取引につながったことがあるそうです。

このストーリーづくりも、「プロローグ化」のひとつです。

ちょっとあざとい感じもしますが、そんな彼の姿が相手の心を動かしたのです。

プロローグ化は、ゴール（目的）を最大限に盛り上げてくれる存在です。

喜びを大きくして、記憶に残る時間をもたらしてくれる方法なのです。

プロローグをつくる４つの方法

では具体的にどうやって「プロローグ」をつくればいいのでしょうか。その方法を４つ紹介します。

●ガマンをプロローグ化する

「夜、ネットフリックスで好きな映画を楽しむために昼間の仕事をがんばる」
「おいしいビールを飲むためにトレーニングして汗をかく」

イヤなことやつらいことを、その先にある「目的のためのプロローグ時間」にして、主従を逆転させる方法です。

マイナスの絶対値が大きいほど、目的を手にした時の喜びは大きくなります。

●ストーリーをプロローグにする

ゴール（目的）を達成するまでのストーリーを自分でつくっていくことも、プロローグ化の方法のひとつです。

脳は事実の羅列だけだと印象に残りにくくできています。味気ない事実よりも、ストーリーのほうが感情に響き、モチベーションが上がったり記憶に刻まれやすくなります。

先ほど紹介した営業の話も、ストーリーをプロローグ化した一例です。

ビジネスの世界で「ストーリー戦略」という手法がありますが、これは時間の蓄積をストーリーに仕上げてプロローグ化するやり方といえます。

●リサーチをプロローグ化する

たとえば、初めての人と会う前に、ＳＮＳなどでその人に関する情報を調べておく。**「準備」というプロローグをつくっておく**と、会った時にコミュニケーションがうまくいき、その時間の価値がより高くなります。そのためにも事前にリサーチ、準備が必要です。

観光に行った時に、その場所の歴史や地理などを知っているとより楽しめますが、それもプロローグ化です。

●時間の蓄積をプロローグ化する

これは商品やサービスを提供する際の考え方です。

「まる3日煮込んでつくったデミグラスソース」「18か月熟成させた生ハム」というように、**時間の蓄積をプロローグ化して伝える**方法です。

3日煮込んだものが味がいいとは限りませんが、プロローグ効果で、3日煮込んだソースにはお客さんにとって価値が生まれています。

時間を自分のものにする技術③「エピローグ化」

刑事ドラマの謎解きシーンをヒントにする

どう締めるかで時間の価値が変わる

刑事ドラマのエンディングで欠かせないシーンがあります。

それは、**犯人がなぜそんな犯罪をしたかを、主役の刑事がドラマの後半で説明（謎解き）をするシーン**です。

たとえば、ドラマ『相棒』（テレビ朝日）では、よく主役の杉下《すぎした》右《う》京《きょう》がラストに謎解きをしています。

多くの刑事ドラマにあるこのシーン。最後に犯行の謎解きという「意味付け」をしてくれることで、納得感を得ることができ、ドラマが締まります。

過ごした時間に対してこの「意味付け」を行うことを、僕は**「時間のエピローグ化」**と呼んでいます。

自分がしたことを振り返り、そこに意味付けして、自己納得をするための行為です。エピローグ化は時間磨きのひとつです。

エピローグ化のイメージは「振り返り・復習」です。

あとでその時間を振り返り、復習することで、時間価値を高めます。

「勉強したことを、記憶に定着させるには復習です」

学生時代、教師から口酸っぱくいわれた復習の大切さ。

僕は復習が苦手で、次にどんどん行きたくなるタイプだったので、記憶の定着はあまりよくありませんでした。

仕事をはじめてからは、**復習の大切さに気づき**、仕事が終わるとその仕事の総括をしながら、復習&ひとり反省会をするようになりました。

仕事でうまくいったポイントはどこか、うまくいかなかった原因はどこかなどを検証していたら、だんだんと仕事で成果が出るようになりました。

仕事のエピローグ化はなぜ必要か

エピローグ化は仕事の価値も高めてくれます。

日々の仕事に追われていると、**忙しくて「自分が何のために仕事をしているのか」を見失うことがあります。**

そんな時こそエピローグ化です。

たとえば1日の終わりに今日の仕事を振り返り、その日の仕事にどんな意味があったかを考えます。

また、週の終わりや月の終わり、プロジェクトの終わりなど、切りがいいところで振り返って、そのプロジェクトにどういう価値があったのか考えます。

仕事でエピローグ化が大切なのは、人間の脳の特性にも関係しています。**何より人は飽きる生き物**です。

毎日毎日、同じような仕事を続けていくと、それはルーティン化していき当たり前になっていきます。すると、仕事がつまらなくなったり、なんのためにやっているのかわからなくなることがあります。そんな時にエピローグ化が効果を発揮します。

「時間のエピローグ化」には４つのコツがあります。エピローグ化は手帳やノート、スマホなどにぜひ書き出してみてください。

1 振り返った時間をできるだけポジティブ化する

エピローグ化の目的は、時間の価値を高めることです。「いい時間だった」「大変だったけど意味がある時間だった」という印象を強めたいので、たとえネガティブなことがあったとしても、それをポジティブに変換してみることです。たとえばミスがあったとしても、そのミスから何かを得たとしたら。それは、その何かを得るためにミスが必要だったと考えます。

たとえば、**芸人は自分の失敗体験をよくネタにしてますよね。**失敗したら「おいしい！」というわけです。これもポジティブ化のひとつです。

2 振り返った時間を物語にする

ストーリーにすることはプロローグ化だけでなく、エピローグ化にも活用できます。

1日をエピローグ化する時に、**「今日という日を物語にする」**というイメージで振り返ります。

3 エピローグ化は「熱いうちにやる」

時間が経つとその時の喜びや幸せな感覚が薄れてしまうので、エピローグ化は記憶が薄れない、熱が冷めないうちにやってください。

4 時間の「納得感」を意識して振り返る

時間を振り返るときにはその時間の「納得感」をつくることです。

ポジティブ化とも重なりますが、後悔する時間だったとしても、納得感を得ることができれば後悔は薄れます。自分の時間に対して**自己納得感**があることが大切です。

エピローグ化をしなくても、どの時間にも満足感が得られればいいのですが、満足感ばかりで生きるのはなかなか難しいと思います。そんな時は納得感をつくることを意識して、時間の振り返りをしてみてください。

時間を自分のものにする技術④「強観察力」を身につける

「観察力」と「スルー力」は網引きをしている

きついトレーニングの時間はなぜ長いのか

「年々時間が過ぎるのが早く感じられる」

「1年があっという間」

年を重ねるごとに、時間の経過は早く感じられるようになります。


一方で、こんな時は時間を長く感じませんか？

たとえば、きつい筋トレをしている時です。

「足上げ腹筋をあと1分！」

自分にそういい聞かせてからのこの1分が、長い。

トイレをガマンしている時間も、かなり長く感じます。

「会議があと5分で終わるから、それまではトイレをガマンしよう」

そう思ってからの5分が長い。もう地獄です。

ほかにも「上司に説教されている時間」「つまらない映画やドラマを観ている時間」などは長く感じやすい時間です。

時間を長く感じてしまうのには理由があります。それは時間の経過に意識が向く頻度です。

「早く終わらないかな」と思っている時は、時間の経過に意識が向いている状態です。こういう時に時間を長く感じやすいのです。

一方で、楽しい時間はあっという間に過ぎていきます。これは時間の経過に意識が行かず、楽しいことに意識が行っているためにそう感じます。

なので、**時間を短くしたければ、時間の経過に意識が行きにくいようにする**ことです。

きつい筋トレであれば、おもしろい動画を見ながらやるとか、病院の待ち時間であれば、その時間を活用してできることを用意しておくなど工夫して時間感覚を変えていきます。

（ただ、トイレをガマンすることだけは、時間感覚を変えるのは難しいかもしれません……）

空を眺めると時間がゆっくりになる理由

一方、**時間をゆっくりにしたければ、時間に意識を向けること**です。

仕事で忙しい1日を送っていた時のことです。

早めの夕食を食べに行くために会社の外に出て、ふと空を見上げたんです。頭上に広がっていたのは、きれいな夕焼け空でした。

「なんてきれいな夕陽だ」

そう実感した時、そこに「時間」があることに気づきました。

「いや、時間はずっと流れてるでしょ」

そう思うかもしれませんが、その日はあまりにも忙しく、ひたすら打ち合わせが続いていました。時間を実感する余裕はなく、瞬く間に時間が過ぎていった感じです。

でも、**空を見上げた瞬間に「時間」を感じられました。**

僕は忙しさに翻弄《ほんろう》されそうになると、砂時計を見るようにしています。

砂時計を眺めていると、時間がそこにあることを実感できるからです。砂時計は自分にとって、時間感覚を調整してくれる器具です。

ちなみに、時間に意識を向ける頻度が高いと時間を長く感じます。それが「長い」と退屈の時間になるか、「ゆっくり」というようにリラックスした時間になるか。それは時間のとらえ方の差によります。

時間をゆっくり化したければ、1日の中で「時間を意識する時間」をつくる。

空を見上げる。ゆっくりコーヒーやお茶を飲む。歩くことを意識する。

好きなことでいいので、そういう時間をつくるだけでゆっくりした時間を感じられるはずです。

同じものを見ても、見えている人と見えていない人がいる

以前あるテレビ番組で、ガーデナー（庭をつくる仕事をする人）の女性がこういっていました。

「田舎は何もないという人がいるけど、その人は景色をちゃんと観察できていないだけ。自然を観察すると、こんなに変化に富んでおもしろい場所はない」

人生がつまらなくなる人と、おもしろい人生を歩める人の差もここにあります。

大人と子どもの違いのひとつに、「世界の見方」があるそうです。

子どもはいろいろなことに慣れていないので、**「白紙」の状態で世界を見られる。**だからいろいろと興味を持ちやすい。

一方で大人は経験や慣れから「これは見たことがある、経験したことがある」と脳が勝手に整理してしまい、それがマンネリ化につながっていく。

以前、アラスカに行ったことがあります。目的はオーロラを見ることでした。滞在している間、運がいいことに毎晩オーロラを見られました。この体験は、大切な思い出として今でも残っています。

宿泊先のホテルの人に「こんなにきれいなオーロラがしょっちゅう見られるなんて、最高ですね」と話しかけたところ、「たしかにきれいだけど、あまりにも見慣れているから感動するほどではない」という返事が。

僕にとっては一生忘れられないオーロラ体験でしたが、アラスカに住んでいる人にとっては日常なのですよね。当たり前ですが。

仕事がマンネリ化してつまらない。

パートナーとの関係がマンネリ化して、いてもいなくても変わらない存在に。

生活がマンネリ化して楽しいことがない……。

年を重ねると、そうなりやすくなります。


仕事をはじめた時の、あの熱量。

恋人と付き合いはじめた時の、あのドキドキ。

生活を楽しもうと努力していた、あの日々。

はじめた頃の**「白紙時代」に戻れたら人生はもっと楽しくなるはず。**

もちろん、その時代に物理的には戻れませんが、**感情を少しでも戻す方法はあります。**

それは**「観察力」を鍛えること**です。

観察力を鍛えると、これまで見えてこなかったものが浮き出てきます。たとえば、ぼんやりと読んでいたウェブサイトの記事。これまでならば、読み終わった瞬間に忘れてしまっていたのが、観察力を鍛えることで自分にとって意味のある情報や興味がある情報を記事の中に発見できるようになります。

これまでと同じような時間でも、観察力を鍛えるだけでその時間の価値は向上するのです。

では、どうやって観察力を鍛えればいいでしょうか。

多くの大人は「スルー（気にしない）力」が強化されています。

膨大な情報に日々触れているので、スルー力がないとそれこそヘトヘトになってしまいますし、時間がいくらあっても足りません。

でも、このスルー力が強くなりすぎると、観察力が落ちてきます。スルー力と観察力が綱引きをしている状態です。

大人になると子どもの時よりも
「スルー力」が強まる傾向に。
「観察力」を鍛えて
毎日をもっとおもしろく!

観察力を鍛えるためには、スルー力を弱める必要があります。その方法は**「心をキョロキョロさせること」**です。

僕は昔から街中で芸能人を見つけるのが得意なのですが、これも観察力だと思っています。

友人と一緒に歩いている時、たいてい先に芸能人に気づくのは僕でした。

理由は、観察が好きなので周囲に興味を持って、**意識的に心をキョロキョロさせながら歩いている**からです（あとは、ミーハーマインドです）。

また、**「カラーバス効果」**を使うのも観察力を鍛える方法のひとつです。

カラーバス効果とは、自分が普段から関心があったり、意識していることに関連する情報が自然に目にとまってくることをいいます。

自分が関心のあることを自分で明確にし、言語化しておくだけで目に飛び込んでくる情報が増え、観察力も鍛えられます。

今日という「真っ白い紙」に何を描くか？

「毎日をスペシャルな日に」は可能なのか

苦手な人への強い不満に心が占拠されている時。未来への不安に心がザワザワしている時。過去にやってしまったことに対する後悔や執着で心がつらい時。

こういう時は**「今」に集中することは困難**です。

「心ここにあらず」という言葉がありますが、意識が定まらず周りに行ったり、未来に行ったり、過去に行ったり。

人は、**今この瞬間を生きているようで、今を生きられていないことがあります。**

心ここにあらずの時間をずっと過ごしていると、どうなるでしょうか？

それは、「時間価値の低下」が起きます。

具体的には、

- **充実感のない時間、つまらない時間が増える**
- **あとで振り返った時に、何をしていたか思い出せない**
- **時間をムダにした感が出てくる**
- **幸福感を味わいにくくなる**

など。だからこそ、「今、この瞬間」に意識を向けていきたいところです。

今日という日は二度とやってこないのです。

ただ、そんなことは百も承知だけど、昨日とそんなに変わらない今日に意識を向けて生きていくのは難しい、という人もいると思います。

ならば、毎日「人生で初めて」のような体験をしましょう。それができれば、毎日がスペシャルな日になるはずです！

毎日をスペシャルな日にできたら、たくさんの思い出が残る人生になるかもしれません。

たとえば、「今週は南極に行き」「来週はパリの三つ星レストランで食事」「再来週はハワイでマリンスポーツ」。そのくらい変化がある生活をしていれば、昨日と今日は違う毎日です。

と理想を書きましたが、こんな生活は実際には難しいですよね（それに、こういう生活もずっとしていると、こういう生活自体が当たり前に変換されてしまうかもしれません）。

45ページで「スペシャルな毎日」よりも「パーフェクトな1日」を、と書きました。僕の結論としては、毎日をスペシャルな日にするのは難しい。だけどパーフェクトな1日を目指すことはできるということです。

たとえばスペシャルな毎日は「人生で食べたことがない料理を食べる」とか

「行ったことがない珍しいお店に行って食事をする」といったイメージです。一方でパーフェクトな1日は、何を食べるかよりも食べている時間に集中して、食事をする喜びや感謝を味わうイメージです。

そして、**「今」に意識を向けるには、「スペシャル」より「パーフェクト」を目指すほうがうまくいく**のではないかと思います。そのためには、目の前の時間を「磨くこと」です。

芸術家の岡本太郎はこんな言葉を残しています。

「生きるというのは、瞬間瞬間に情熱をほとばしらせて、現在に充実することだ」（『自分の中に毒を持て』より）

この言葉には「時間磨き」のヒントが凝縮しています。

「現在に充実すること」こそが生きることである。
「いつか」ではなく、大切なのは「今」。

瞑想などで「今ここ」に意識を戻し、集中するマインドフルネスが流行りました。「今ここ」に集中することが「パーフェクトな1日」につながっていきます。
では、「今ここ」に集中するにはどうしたらいいでしょうか？

「今ここ」に集中するたったひとつの方法

それは、**今という時間をとにかく意識する。それだけ**です。

ポイントは、今日1日の時間を大切にしようと考えることです。

こんなふうに考えてみてはどうでしょうか。

今日という1日は「真っ白い紙」。
その白い紙に、何を描くか。

以前、人気マンガ家の原画展を見に行ったことがあります。その展覧会に大人気マンガのラフが飾られていたのですが、そのラフを見て感動しました（ラフとは、下描きのことです）。

世界的に人気のマンガが、1枚の白い紙から生まれているということに心が震えました。もとはただの真っ白い紙です。この白い紙に何を描くかで、どんなマンガになるかが決まる。

当たり前のことなんですが、すごく大きな発見でした。

今日1日も同じです。

白い紙が今日24時間だとしたら、そこにどんな24時間を描くか。

楽しい24時間にしたければ、白い紙に「楽しいシーン」を描いていきます。

たとえば、これから美容室に行く予定があるならば、美容室の時間を大切にするためにどうしたらいいかを考えます。

僕ならばこんな感じです。

・美容師さんとのおしゃべりを徹底的に楽しむ。
・髪を洗ってもらう時やマッサージしてもらう時は、気持ちよさにひたる。
・自分がなりたい髪型に徹底してこだわり、美容師さんと細かく相談する。

ほかにもいろいろありますね。

こうありたいという今日1日をイメージして、白い紙に描いていく。そうすることで今日という日の価値を高めていきます。ぜひやってみてください。

第4章

時間は選択が9割

第4章のキーポイント

キーポイント 1

『サザエさん』に出てくる　　　の選択基準はいつも明確。

キーポイント 2

時間の　　　を決めておくと、時間のムダが減る。

キーポイント 3

「選択する」という決断は、「　　　」という決断と裏表。

キーポイント 4

選択基準を決める7つの視点。

① ＿＿＿＿しないかどうか

② ＿＿＿＿が高いかどうか

③ ＿＿＿＿の声に従っているか

④ ＿＿＿＿が高いかどうか

⑤ ＿＿＿＿があるかどうか

⑥ 人に＿＿＿＿もらえるかどうか

⑦ ＿＿＿＿よいかどうか

キーポイント 5

＿＿＿＿が選択の邪魔をする。

答えは334ページに

カツオの時間選択術

カツオの時間の選択基準はいつも明確

アニメ『サザエさん』によく出てくるシーンがあります。

遊びに行く前に宿題をやるよう、カツオにいうサザエさん。

でも、カツオはサザエさんの目を盗んで遊びに行ってしまいます。

そして決まってあとでサザエさんに怒られる。でも、怒られてもあまり気にしている様子はありません。

カツオには「明確な時間の選択基準」があるんじゃないでしょうか。それは、

遊び∨宿題

いくらサザエさんに怒られようが、この選択基準を変えない。こういう人は人生に迷いが少なく生きていけそうです。

選択基準を決めるとムダな時間が減る

ケンブリッジ大学のバーバラ・サハキアン教授の研究によれば、**人は1日にマックスで3万5000回もの選択（決断）をしている**そうです（すごい数です！）。

1日は8万6400秒ですから、そう考えると3万5000回という選択数はかなりの数です。選択判断にかける時間を1回あたり1秒と想定すると、なんと1日の約40%を選択行動に費やしていることになります。そこから睡眠時間を引いて考えると、さらに比率は上がります。

活動時間で見ると、1日の半分以上が選択の時間になることがあるのです（そうはいっても、無意識に選択していることが圧倒的に多いので、実感はないでしょう）。

たとえば、朝、目が覚めて……

・「すぐ起きるか、もう少し布団で寝ているか」
・「トイレに先に行くか、顔を先に洗うか」
・「食事はパンにするか、今日は無しにするか」
・「出かけるのに、何を着て行くか」
・「電車は何両目くらいに乗るか」

書き出したらきりがありません。

これだけたくさんの選択をしていますが、その都度「これはどっちがいいかな」「迷うな〜」なんてやっていたら、時間がかかってしょうがありません。

カツオのように、**自分の「選択基準」を明確にしておくことが、人生のムダ時間をなくす手助けをしてくれます。**

選択基準をどう決めるか

以前、知人にこんな相談をされました。

知人は、勤めている会社から海外転勤を打診されたのですが、彼は海外転勤がイヤで、精神的にも参っている状態でした。

僕は彼にこういいました。

「会社から転勤を打診されたからって、絶対に行かないといけないわけじゃない。もちろん断ることで社内における評価が下がるリスクはあるけれど、一番大切なのは**『自分が後悔しない選択をすること』**だと思う。

もしどうしても心が嫌がっているならば、転勤を断ればいい。後悔しない選択は何かを考えたほうがいいと思う」

知人はその後、自分の心と体を優先して結局は転勤を断りました。精神的なストレスが消えたおかげで、元気を取り戻しました。

後日、知人はこんなことをいっていました。

「出世は難しくなったけど、自分が後悔しない選択ができて、本当によかったと思っている」

「この仕事は断りたい。でも、自分への評価が下がるかも」など、いろいろな要素が絡み合った選択は簡単ではありません。

でも、結局何かを選択しないといけないのであれば、**「後悔しないほうを選ぶ」**という基準はひとつの指針になります。

ほかには**「好きなことを選べ」**という考え方があります。

人生は思った以上に短い。だから好きなことを選択して、好きなことをやったほうがいいというものです。

たとえばこんな時、あなたならどちらを選びますか？

自分の親がケガで入院していて、そのリハビリに付き合ってほしいと親から頼まれたとします。同じ時間には恋人との予定が入っていました。

好きを選べという基準であれば、この場合は恋人との約束を選択する人が多いんじゃないでしょうか。

でも、果たしてそれでいいのか？　好きを選んだがために、親のリハビリがうまくいかず後悔するかもしれません。

「好きかどうかで選ぶ」ではなく、「後悔しないほうを選ぶ」という選択基準で判断するのはどうでしょうか。先ほどの知人の転勤話と同じです。

ベストは、まったく後悔しない**「ゼロ後悔の選択」。**それが難しくても**「後悔を最小化する選択」をする。**

このケースの場合は、親に早く回復してほしいので、「後悔しない」という基準で親のリハビリを選ぶ。もしくは、親のリハビリよりも恋人との約束のほうが「後悔しない」という視点で重要であれば、そちらを選ぶ。

もちろん、**「好きかどうか」と「後悔しない」が両立した選択ができたらさらにいい**ですよね。

では、こんな時はどうでしょうか？

今晩飲みに行こうと突然、上司から誘われた時。

明日は朝早くから打ち合わせがあるので「断る」選択もあるし、上司との付き合いもあるし、よい話を聞けるかもしれないから飲みに行く選択もありです。

自分が後悔しないことを基準に決めればいいのです。

自分の選択基準があいまいだと、たとえば、ちょっと強引に飲みに誘われたので行きたくなかったけど行ってしまった、なんとなく周りに悪いかなと思って不本意だけど参加した、**そして後悔した**、というようなことが起きてしまうかもしれません。

そうならないように、自分の選択基準はしっかり決めておくといいと思います。

やるも選択、やらぬも選択。どちらを選んでも後悔しない

「選択」の構造を知っておく

朝7時。目覚まし音が鳴る。
前日は遅くまでドラマを見てしまい、寝不足気味。
でも、7時に起きて早めに出社して昨日やり残した仕事をやらないといけない。
わかっているけど眠い……。
頭の中で、起きるかまだ寝ているか、2つの選択を迫られます。
僕もこの2択で、眠気に負けて寝続ける選択を何度もしました。そしてあとで、

「起きればよかった」という後悔を何度もしました。

自分で選択したことなのに、それを後悔することってありますよね。

でも考えてみると、その時は眠いから寝続けたわけで、**自分で選択をしています。**

何かを選択すれば、一方で選択しなかったものも生まれます。

「選択する」という決断は、「選択しない」という決断と裏表です。

「遊びに行くか」「仕事するか」を選択する。

買いたい服が3着あるけど、予算が1着分しかなければ、買わない2着を選択しないといけない。

プレゼンでA案を採用するか、B案を採用するかを決めないといけない。

人生は選択の連続です。

それは常に「選択しなかったものも生まれる」ことでもあります。そういう「構造」の中で、僕らは生きています。

常に選択があるわけですから、**選択をしなかったものを後悔していると、「後悔だらけの人生」**です。

そう、**「構造がそうなっている」という点が重要**なのです。

「選択しなかったもの」が必ず生まれる構造なので、そこに「後悔」の感情が紐づけられてしまうのは避けたいところです。

この後悔との紐づけを減らす方法があります（完全になくすのはなかなか難しいです。でも「減らす」ことはできます）。

それが**選択したものへの「価値の強化」**です。

「プリンを食べてしまったケース」を例に説明します。

プリンを食べたい、でもダイエット中だから食べないほうがいい。

結果、「食べる」を選択した。

ここで「なぜガマンできなかったんだ。自分はなんて意志が弱いんだ」と思ってしまうのが、**後悔方向に感情がいくクセ**がついている人です。


この時に忘れがちなのが**「食べたことの価値」の認識**です。

食べたことによる利点って、「おいしい」だけでしょうか。

利点は、ほかにもいろいろあります。

- **SNSに投稿するネタができる**
- **このプリンを食べたことをいい思い出にできる**
- **プリンのレシピを想像して、味をより深く感じながら食べる**
- **このプリンの話を雑談ネタにできる**
- **マイプリンランキングをつけるなど、プリンオタクになる**

若干無理やり挙げているように見えるかもしれないですが、**「無理やりでも価値を見出すこと」が大切**です!

僕はプリンが大好きで、特に「硬めプリン」を好んでいます。

以前はただ好きだから食べているだけでした。でも、硬めプリンが好きなのはなぜだろうと考えはじめたところから、硬めプリンとの関わり方が変わっていきました。

食べるだけでなく、SNSに上げる、人に話す、好きだと公言する。すると周囲も「柿内は硬いプリンが好き」とだんだん認識してくれるようになり、「新宿に昔ながらの硬いプリンがおいしい店があるよ」など硬めプリンの情報が入ってくるようになりました。

そんな循環の結果、**自分が硬めプリンを食べる時は、以前と比較して格段にその時間価値が高まった**のです。以前であれば、どこか漫然と食べていたのが、今は食べる時間の楽しみ度がジャンプアップしました。

こういう言葉があります。

「やらずに後悔するより、やって後悔したほうがいい」

この言葉、僕はちょっと違うのではと思っています。

できれば後悔しないほうがよいからです。

僕ならば、こう提案します。

「やるも選択、やらぬも選択。どちらを選んでも後悔しない」

自分の時間の選択基準を明確にしていたとしても、その通りに選択できないことも人生ではよくあります。

自分の選択基準だけで生きていたら、仕事ではチームワークを乱すこともあるでしょうし、家族や友人ともうまくいかないかもしれません。

周りから「あの人は自分のことしか考えていない」と、レッテルを貼られるかもしれません。

それを避けるために、不本意な選択、妥協の選択はどうしても人生にはつきものです。

もし不本意や妥協の選択をしてしまっても、なるべく後悔しないで価値を見つける。その時にどう考えるかで、人生は大きく変わります。

選択基準を決める7つの視点

では、自分なりの選択基準を決めるには、具体的にどうしたらいいのでしょうか。基準を決めるには「後悔しないかどうか」という選択基準を含めて、7つの視点があります。

選択基準を決める7つの視点

- 視点1　後悔しないかどうか
- 視点2　体験価値が高いかどうか

●視点3 体と心の声に従っているか
●視点4 幸福度が高いかどうか
●視点5 投資価値があるかどうか
●視点6 人に喜んでもらえるかどうか
●視点7 心地よいかどうか

時間の選択で迷った時は、この7つの視点をベースに考えてみてください。

「人生の選択で迷ったら、より困難なほうを選べ」という考えがあります。

この言葉、かっこいいですよね。でも、この言葉の通りに選択するのはちょっと危険です。

たとえば、恋人と別れるかどうかで迷っているとしたら。

困難かどうかで決めるのはどうなんでしょうか。

起業するか、会社員のままでいるか。そんな選択に迷った時はどうでしょうか。「困難なほうを選ぶ」という考えに従い、起業を選択したとしたら。実際には起業の壁にぶつかり、後悔をしている人も多いのが現実です。

単純に「困難なほうを選べ」ではなく、7つの視点から選択する。

起業する際も7つの視点をベースに選んでいれば、もし失敗したとしても後悔は少ないはずです。

視点は7つあるので、この7つの中でも判断が相反して迷うこともあるかもしれません。そんな時は、**7つの視点の中で自分の優先順位を決めてください。**

こうやって「選択基準」の解像度が上がってくると、迷いも後悔も減っていきます。

また、7つの視点は行為によっても、年齢によっても優先度が変わってきます。

たとえば僕の場合。**30代、40代、50代で重要視する「選択基準」が変わりました。**

ご参考までに紹介します。

30代の選択基準は「体験価値の高いこと」「投資価値があること」を優先していました。

「とにかく数多くのことにトライする」「自分の成長につながることは無理をしてでもやる」という考えで、時間を選んでいました。

そのおかげで仕事でもプライベートでも多くの新しい挑戦ができ、その時の経験は自分の人生の大きな糧になっています。

40代になると「後悔しない選択」の優先度が上がってきました。後悔しないためには「仕事で成果を出すこと」と考えて、成果を最優先しました。

おかげさまで、編集者として企画した本の累計発行部数が1300万部を突破できました。

50代の今は「幸福度が高い選択をする」「体と心の声に従って選択する」こと

が優位になっています。

睡眠を削って無理をするのは、実は時間価値が低下すると実感しているので、30代、40代の時とは違って今は睡眠をきちんととるようにしています。50代の選択基準を決めてから、幸福感を得やすくなりました。

年代ごとの選択基準を例に出しましたが、年代だけでなく、もっと短いスパンで選択基準を変えるのもアリです。

たとえば**「今月の選択基準」**や**「今取り組んでいる仕事の選択基準」**というように、その時の自分の状況によっていろいろ変えてみるというやり方です。

「感情」が選択の邪魔をする

気をつけるべき「選択基準」

一方で、「気をつけたほうがいい選択基準」もあります。

それは**「空気を読むという選択基準」「もったいないという選択基準」「気分による選択基準」「無意識による選択基準」**などです。

1 空気を読む選択基準

自分の中で選択基準をあいまいなままにしていると、さまざまな感情に選択や決断が引っぱられることがあります。

「空気を読む」という感情も、そのひとつです。

「なんとなく相手に悪い」「他人の目が気になる」という感情から、自分が望まない選択をしてしまうことはないでしょうか。

仕事の打ち合わせで相手と自分の意見が違っても、相手を否定したら悪いと思い自分の意見は口に出さないままにする。

行きたくない誘いに、相手に悪いからと無理して行く。

空気を読む行為は、知らないうちに思考にこびりついているかもしれません。

もちろん、意識的に空気を読んで、相手のことを考えた選択が必要な場面もあります。

ただ、**無意識に空気を読むクセがついていると、「幸福の時間」が増やせないかもしれません。**

居酒屋でみんなが「とりあえずビール」と注文する中で、自分はラム酒が飲みたかったとしても、合わせて「ビール」と頼んでしまうみたいな感じです。

1杯目のビールであればまだいいのですが、空気を読むことが思考のクセになってしまうと、大きな選択の時にも影響します。

後悔しないために、まずは自分が空気を読んでいないかを認識することです。

2 もったいないという選択基準

ほかにも、選択にはこんな感情の障害があります。

「それまでかけた時間やコストがもったいない」という感情です。

これは「**サンクコスト**」と呼ばれる脳のバイアスです。すでに支払ったコストにとらわれて、合理的な判断ができなくなることをいいます。

商品開発をしていて、途中でどう見てもうまくいかないとわかっていても、ここまでかけたコストがもったいないからと、中止せずに開発を進めてしまう。

レストランで食事した時に、多く頼みすぎてしまい食べきれずお腹がいっぱいの状態なのに、もったいないからと無理して食べる。これもサンクコストです。

ベースにあるのは「もったいない」「目の前の損失を回避したい」という感情です。

サンクコストはいってしまえば、**「もったいないバイアス」**です。

こうした感情で選択基準がぶれ、そのぶれによって「幸福の時間」が減るリスクがあるので、注意が必要です。

3 気分による選択基準

自己啓発セミナーに参加すると前向きな気持ちになり、その後の選択もその気分に影響される。

気分がイマイチな日は、何を見てもマイナスな面ばかりが目に付く。

これは**「気分一致効果」**と呼ばれるもので、気分によって、視点が変わることをいいます。

気分がいい時には物事のよい面に視点が行き、気分が悪い時には物事の悪い面に視点が行きやすくなる。

同じことに対して、ポジティブにとらえられる時もあればネガティブにとらえてしまう時もあるのは、それが理由です。

気分は選択基準に大きな影響を与えています。

ここに紹介した以外にも、無意識なクセでしてしまう選択など、感情が時間の選択基準に影響を与えています。まずはそれを意識することが選択のミスをしない第一歩です。

ゆるキャラを好きになる人間の心理

人は合理的選択が実は苦手

今や普通になった「ゆるキャラ」。

でも、**ゆるキャラは矛盾に満ちた存在です。**

ゆるキャラブームを仕掛けたのはみうらじゅんさんですが、みうらさんは著書の中で、ゆるキャラについてこう言及しています。

「**キャラクターはゆるくては困ります。**わざとゆるいキャラクターを作ろうと思う人や団体などはいません。しかし『ちゃんとした』キャラクターを作ろうとした結果、なんとも微妙な、なんとも中途半端な、なんともいびつなものができあがってしまったわけです」（『「ない仕事」の作り方』より）

キャラクターは本来、設定や世界観の構築がしっかりされている存在です。

でも、キャラ設定が弱いキティちゃんやドラえもんがいたら、ちょっと微妙です。

でも、ゆるキャラはその名の通り、キャラクターの設定や世界観の構築がかなりゆるい。そのゆるさこそが、人気に火をつけたポイントでした。

人は「論理的」「合理的」「筋が通っているもの」のみを受け入れるわけではありません。

「非論理的」「非合理的」「筋が通っていないもの」も受け入れて生きています。

「行動経済学」という学問があります。

行動経済学は、もともとは合理的判断をベースに構築されている「経済学」に対し、批判的見解を示していた研究者によって生まれたものです。

行動経済学は、経済学と心理学を混ぜ合わせた学問で、人間は必ずしも合理的でロジカルな選択をし、行動する存在ではないことをテーマにしています。

たとえば、やめたほうがいいと思っていながらやってしまう。

買わないほうがいいと思っているのに、ついつい買ってしまう。

そういうことをするのが人間であるという前提で研究されています。

お酒を飲みすぎるとか、煙草を吸うとか、不倫をするとか、合理的ではない選択もします。不十分な情報や理解度、処理能力によって不確実で非合理的な選択をすることがあるのです。

なぜ、合理的ではない判断をするのか、その理由はいろいろあります。

その中のひとつが「**双曲割引**《そうきょくわりびき》」という考えです。

これは「**遠い将来のことよりも、近い将来の利益を優先してしまう**」というものです。

たとえば、気に入った洋服を見つけた時に、将来のためにここではお金を使わないほうがいいとわかっていながら、その服を買ってしまう。

体を鍛えるために筋トレしたほうがいいとわかっていながら、ついソファでゴロゴロしたくなり、**「明日からがんばればいい」と先延ばししてしまう。**

これが「双曲割引」です。ベースにあるのは人の「感情」です。

この感情をうまくコントロールできれば、「合理的な選択力」は向上します。合理的な選択力を身につければ、ムダは減り、よりスピーディーにゴールにたどり着けます。

でも……**一方で、感情はとても大切なもの**でもあります。

この本で伝えたい「幸福度の高い時間」「思い出に残る時間」は、合理的かどうかではなく、感情に響くかどうかで決まります。

感情をコントロールしようと思うあまりに、感情の振れ幅をなくそうとしすぎると「感情の絶対値」を小さくしてしまいます。そうなると、ネガティブな感情は減るかもしれませんが、あわせてポジティブな感情も減ってしまい、結果「幸福の時間」も減ってしまうかもしれません。

コントロールしたほうがよいのは「反応」

だから、**コントロールすべきは、すべての感情ではなく、一部の感情**です。

その一部のコントロールしたほうがいい感情が「**反応**」です。

「反応」にはデメリットがたくさんあります。

たとえば、気に入った服があると「一目ぼれした！」といって衝動買いしてしまう。これも反応です。

たとえば、自分と意見が違う人がいると声を荒らげて反応する人。感情的に反応して、人とすぐもめる人もいます。

『反応しない練習』（草薙龍瞬著）の中にこんな一節があります。

「人は悩みに直面したときに、つい反応して『闘おう』としてしまいます。不愉快な相手、ままならない現実に真っ向から向き合って、反応して、なんとか変えてみせよう、打ち勝ってみせようと、もがき、あがきます。

しかし真相は、『闘って勝てる』ことは、人生には、ほとんどありません」

行動もコミュニケーションも、「反応」をうまくコントロールできるようになれば、時間のムダを減らせます。

感情のコントロールと反応のコントロールの違いは、こんなところにあります。

●感情のコントロール

▽対象に対して感情の乱れをなくす、少なくする。常に冷静な「状態」を保つこと。感情をコントロールするリスクとしては、「うれしい」「楽しい」など

の感情も薄れてしまう可能性があります。

●反応のコントロール

▽対象に対してすぐに対応せず、ひと呼吸おいて対応する。こちらは冷静な状態を保つのではなく、その瞬間に冷静に対応する。なので、感情そのものは薄れにくい。

反応をコントロールするポイントは「冷静な視点に戻ること」です。

たとえば、「反応しそうになったらフーッとひと息つく」「飲み物をひと口飲む」「空や天井を見上げる」など、どれでもいいのですが、意識を目の前の反応からそらすことです。

ちなみに、僕はとっさに意識をずらしたい時は、頭の中で『ドラえもん』の主題歌を歌います。「ひ、ひとドラえもん」です。たったそれだけでも、目の前のことから意識をそらせます。

この「ひと息」
のように
「ひと××」が
反応コントロール
のコツ

このほかにも、選択の合理性を奪う障害がいくつも存在しています。
まずは「障害があること」を認識することです。

自分の思考が「障害」に影響されていることを知っているだけで、選択の間違いは減っていきます。

選択の障害になる感情と思考のバイアス

空気を読む	空気を読むと、人の選択に自分の選択を合わせてしまう
もったいない	かけた時間やコストがもったいないと感じてしまう
気分	その時々の気分が選択に影響する
非論理的思考	頭ではわかっていても遠い将来のことより、今の気分を優先してしまう
反応	一瞬の判断で衝動的に非合理的な選択をしてしまう
同情	同情や罪悪感を感じると断りにくくなり、選択に影響を与える
感情移入	共感したことに感情が入り、選択に影響。好きな人のことがすべて魅力的に思えるのもこれによる
「他人も自分と同じだろう」という思い込み	他人の考えや感じ方が自分と同じだろうと思い込むことで選択に影響

あえて選択しない状態（選択放置）も時に必要

選択が難しい時は、意識的に答えを出さず先延ばしという選択をすることも時には必要です。先延ばしは一見ネガティブですが、状況によってはポジティブな選択にもなるのです。

答えを出さない状態のことを「ネガティブ・ケイパビリティ」といいます。

選択は常に早ければよいとは限りません。あえて課題を持ちながら答えを出さないというのも選択のひとつです。

あいまいな状態で問いを抱え続けるのは、特に難問と対峙する時に必要とされています。

ニュートンが万有引力を発見できたのは、ネガティブ・ケイパビリティを持ち続けたからだといわれています。

問いを持ち続けると、脳はその回答につながることを発見しやすくなります。

選択を急ぐべき時もあれば、選択せずにいる時も必要です。

第5章

人生は
立てた予定でつくられる

第5章のキーポイント

キーポイント 1

人生は立てた［　　　］でできている。

キーポイント 2

スケジュールは管理するのではなく、［　　　］する。

キーポイント 3

手帳は人生を［　　　］するツール。

キーポイント 4

時間を見える化させる（　　　）をつける。

キーポイント 5

多忙から抜け出すための（　　　）の心得。

捨てる　諦める　投げる　延ばす　断る

キーポイント 6

多忙は（　　　）を下げる。

答えは334ページに

手帳を再定義する

立てたスケジュールが人生をつくる

これだけデジタル化が進んでも、今でも紙の手帳を使っている人は多くいます。

なぜ紙の手帳を使うのか、その理由はさまざまです。

「何を書いてもいいから自由でいい」「あとで読み返しやすい」「自分らしい手帳をつくるのが楽しい」など、使い方は千差万別ですが、うまく使えば手帳は自分の人生をプラスに向けてくれるツールになります。

だから、手帳をアポイントや定例事項などの予定管理のためだけに使うのはも

ったいない。予定管理は手帳のほんの一部の機能です。

人生は手帳に何を書き込むかで、大きく変わります。

たとえば手帳におもしろい予定、ワクワクする予定、刺激的な計画、幸せになれそうな構想、そんなスケジュールが数多く入っていれば人生は楽しくなるはずです。

一方で、手帳に心が望まない予定、つまらない計画、人から強制されただけの構想、しかたなく入っている予定、そんなスケジュールが多ければ、楽しくない、つらい人生になるかもしれません。

「人生は立てたスケジュールでできている」

これはいつも自分にいい聞かせている言葉です。

そして、そのスケジュールをデザインするために手帳を活用します。

手帳は人生をデザインするツールであり、自分の時間価値を高めるツールだと思います。

今まで、ただ予定管理のためだけに手帳を使っていた人は、ぜひ手帳を再定義してください。

スケジュールをデザインする方法

では、スケジュールをデザインする方法を紹介します。

1 最初に、スケジュールを「デザイン視点」で考える

突然こういわれても、ちょっと意味がわからないかもしれません。

まず「デザイン」をここで定義しておきます。デザインの語源はラテン語で「計画を記号に表す」という意味です。

そして、デザインをざっくりと定義すると「目的を達成するために設計をして、

その設計を具体化すること」です。

これを「スケジュールデザイン」に当てはめると、こうなります。

「目的を達成するために、スケジュールを設計して、その設計したスケジュールを具体化すること」

僕も以前は手帳を主に「予定管理」で使っていました。

そして、年初にはその年の目標を立て、それも手帳に書き込んでいました。

でも、**その年の目標達成ができたことはほとんどありません**でした。なぜ自分は目標達成ができないのか、自己嫌悪です。

そして、気づいたのです。

「意志の力」に頼って目標達成しようとしていたことが、間違いだったと。なぜなら、僕は意志が弱いからです。

一方で、大きな成果を出している人の予定の立て方を聞いてみると、あることに気づきました。

大きな成果を出す人は、**ゴールイン型でスケジュールを立てている**のだと。

ゴール（目標）を明確にして、スケジュールに落とし込み、そこから逆算して必要な予定を細かくスケジューリングしていく。

具体的に説明します。

1か月の予定を立てる時。通常は、打ち合わせ、会議、飲み会、趣味など、決まった予定から入れていきます。

でも、スケジュールデザインの発想は違います。

まず、その月の目的・目標を決めます。

たとえば、「今月は自分の思考力強化月間にする」「体重を健康的に2キロ減らす」「休みの日は野球観戦をしまくる」など、その月の目的・目標を決めます。

そして、**それを達成するための設計をします。**

その月の目的が「思考力の強化」ならば、本を読む、映画を観る、人と話をするなどもありますし、仕事の中で思考力を磨くのであれば、どの仕事でどういうことをすればいいかを考えます。そして、その具体的な行動をスケジュールの中に落とし込んでいきます。

打ち合わせや会議などの予定が入る前に、このスケジュールデザインをして、予定を先に入れてしまうのです。そうしないと、ルーティンの仕事などでどんどんスケジュールが埋まってしまうかもしれません。

これがスケジュールデザインの考え方です。

2 自分のスケジュールに「幸福の時間」を先に入れる

スケジュールデザインでもうひとつ大切にしているのが、**スケジュールに「幸福の時間」「投資の時間」を先に入れること**です。

人生に楽しみや喜びを増やし、後悔を最小化させたい。

そのための予定を先に入れてしまうのです。そうしないと、時間は他者にどんどん奪われていく可能性があります。

スケジュールデザインで大切なのは、**「（組織や家庭などでの）役割」ばかりを優先して「幸福」をおいてけぼりにしないこと**です。

そして、この本で何度も書いてきましたが、時間を「幸福」のために使うことで、５つの感（満足感、充実感、達成感、快感、安らぎ感）を満たしてくれます。

「幸福の時間」を予定にどんどん入れていきましょう。

最初はちょっと躊躇《ちゅうちょ》するかもしれません。スケジュール表に「決まった予定」ではなく「やりたい予定」を書き込むことに、なかなか慣れないかもしれません。それも実現するのかもわからない予定を。

ただ、実際にもし実現しなかったとしても、書いておく意味はあります。**「言語化すること」と「見える化すること」で、脳がそのことを認知する**からです。

なので、幸福の時間にするために「やってみたいこと」をスケジュール表に書き込みます。それだけで、すでに一歩を踏み出したことになります。

3 予定表に「余白予定」をつくる（余白は勇気）

「多忙中毒」になっている人は、スケジュールに余白があると、なんだかさぼっているような気になってしまいます。

でも、ぎちぎちの予定って、たいていはどこかで崩壊したり、優先順位がめちゃくちゃになってしまったりします。

そうならないために、意識して余白の時間をとっておきます。

これがあるだけで、精神的にもラクになれるはずです。

スケジュールに「5日　13時～17時　余白時間」のように、余白の時間も入れておきます。

スケジュールを管理するのではなく、自分の人生をデザインするという視点から見ることで、時間の使い方が変化をしていきます。

スケジュールデザイン見本例

2月

2月の目標

①「思考力を強化」月間

②体重2kgの減のダイエット月間

（月の目標を決めて、そのためのスケジュールを立てる）

月	火
1 （先に予定を入れていく） ● 8:00－8:30 思考力強化のための読書 ● ランチ サラダランチにする ● 20:00 5kmのランニング	2 （「投資の時間」の予定を入れる） ● 8:00－8:30 思考力強化のための読書 ● ランチ 和食ランチにする ● 20:00 5kmのランニング
8 ● 8:00－8:30 思考力強化のための読書 ● ランチ サラダランチにする ● 20:00 3kmのランニング ● 13:00－16:00 余白時間 （余白時間をスケジュールに入れる）	9 ● 8:00－8:30 思考力強化のための読書 ● ランチ 低糖質ランチにする ● 19:00 つくってみたいカレーを調理する （「幸福の時間」の予定を入れる）

「時間簿」をつけて時間を可視化する

自分の時間を「見える化」する方法

質問です。

「あなたは仕事で、メールやチャットなどに1日どのくらいの時間を使っていますか?」

「あなたは洗濯をはじめて、干し終わるまでに何分かかっていますか?」

この質問に的確に答えられる人は、自分の時間の使い方がわかっている人です。

ハッキリ答えられない人も多いのではないでしょうか。

僕自身、そうでした。

たとえば、自宅を出て最寄りの駅まで歩く時間すらはっきりと認識していなかったのです。なんとなく「10分くらい」と思っていました。そこで、ある日正確に計ってみようと思い、やってみました。

結果は13分。大きくは違いませんが、それでも3分の誤差。週5回×往復で考えたら、1年間の認識の誤差は1560分。およそ26時間の誤差です。

感覚と事実は、かなりずれがあります。ずれをなくすには自分の時間を「見える化」することです。

そのために、時間を記録する**「時間簿」を書いてみる**のがおすすめです。

時間簿を記録すると、自分の時間がどこにどのくらい使われるかが明確になるので、捨てたほうがいい時間、生産性を上げたほうがいい時間が見える化します。

結果、何をして、何をしないかも明確になり、自分の時間を増やすことができるのです。


「昨日のランチで食べたものは何ですか？」

あなたはそう聞かれて、すぐに答えられるでしょうか？

なぜ昨日のランチを忘れてしまうのか。

それは、**なんとなく食べているから**です。

スマホを見ながら、テレビを見ながら、ぼんやりとランチをしていれば、食べたものは記憶に残りにくいのです。

もし昨日、大好きな人とランチをしていたら、それは強く記憶に残っているはずです。

「時間簿」のつけ方は簡単です。

1日の終わり（もしくは翌日の朝）に、その日1日の復習をかねて、細かく何時に何をしたかを書いていくだけです。

たとえば次ページのような感じで、1日の行動を書き出していきます。

中でも特に印象的だった時間や、気づきの多かった時間には蛍光ペンでラインを引きます。また、気になったことなどは別途メモをしておきます。

これを毎日書き続けると、たくさんのメリットがあります。

●時間簿をつけるメリット

1 自分がどこにどれだけ時間をかけているかが見える化する。

2 1日の復習になり、その日1日の価値を実感できる。145ページの「時間のエピローグ化」と合わせてやると時間価値をさらに高められる。

3 翌日以降のスケジュールデザインの参考になる。

僕のある日の時間簿

7:00	起床　スイッチコーヒーを飲み、妻と会話、風呂	
8:00	リモートワークスタート	
8:00 | 9:00	メール返信など	
9:00 | 10:00	ZOOMミーティング（Aさん）	いいアイデアが出た。Aさんはいつもおもしろい！
10:00 | 11:30	進行中の企画の原稿チェック	集中してチェックできた
12:00	外出。DW（電車ワーキング／事務処理） ランチ（天ぷらそば　a店）	旨い！
13:30 | 14:30	Bさんとアイデアミーティング	
15:00	出社	
16:00 | 17:00	Cさん　〇〇問題を解決する 社内ミーティング	
17:00 | 18:00	Dさん　いろいろ話を聞く 社内ミーティング	課題が明確になり、次に進めそう
19:00	デスクワーク	
19:00	退社。食事（野菜炒め定食　b店） DD（電車ドラマ／ドラマを見ながら帰宅）	
20:30	自宅着。妻と会話、ランニング、風呂	
23:00 | 24:00	仕事の整理、1日の復習	
24:00	就寝	

人はどんどん忘れる生き物です。

時間簿を書く習慣をつけることで記憶への定着が高まり、またあとで見返せます。「時間」への意識を高めるためにも、時間簿は有用です。

「それなら日記を書いてるからいいのでは」と思う人もいるかもしれないですが、日記と時間簿は目的がちょっと違います。

時間簿の目的は、あくまでも「時間価値を高めること」と「時間を何に使っているかの見える化」です。それによって自分の時間をこの先どう使っていくかの参考にしたり、時間のエピローグ化を行うことです。

日記の目的は主には行動や事実、感情の記録です。

ですから、**時間簿と日記は目的が違う**のです。

時間を生む「隠れポジティブの心得」

多忙中毒から抜け出すには

スケジュールデザインを考える上で、知っておいてほしいことがあります。

それは、忙しさの元凶を知っておくことです。

忙しさが当たり前になっている人は、すでに多忙中毒なのかもしれません。

自分の望むスケジュールで生きていくためには、多忙中毒から抜け出すことも必要です。


どうやって多忙中毒から抜け出すか、その方法を考えたいと思います。

「我が人生に悔いはなし」

これは僕の祖母がよく口にしていた言葉です。

晩年、認知症の症状が出ても言い続けていたくらい、祖母の生きる指標になっていた言葉でした。

悔いがない人生を送りたい。これは多くの人が思うところです。

でも一方で、毎日がバタバタしていて、やりたいこともできず、悔いが残る人生になってしまうかもという危惧《きぐ》もあるでしょう。

悔いを生むかもしれない元凶のひとつに「忙しさ」があります。

いつ会っても忙しい人、いますよね。何を隠そう僕自身がそういう人間でした。

そして、こう考えていました。

いつか時間ができたら○○をしよう。

暇ができたら○○に行こう。

でも、そんな日はなかなかやってきません。いつも気づけば予定はパンパンに。
「時間ができたら」という時間は、出現してくれなかったんです。
なぜ、そうなるのか？「忙しさの元凶」はなんなのでしょうか？
多忙の原因は次の3つです。

1 やらなければいけないことが多すぎる（量）
2 自分の能力が足りない
3 自分の環境に課題がある

この3つを解決できれば、忙しさは解消するはずです。③はすぐには解決できないかもしれませんから、まずは①の「量」の問題について考えたいと思います。

なお、②は集中力や実行力ともつながるので、252ページからお伝えします。

隠れポジティブの心得

①の「やらなければいけないことが多すぎる」にはいくつかの原因があります。
たとえば、「働きながら子育てしていて、自分が対処できる以上にやらなければいけないことがある」「仕事でやらなければいけないことだらけで、やってもやっても追いつかない」など。

物理的に量が多すぎる時は、この5つの心得で対策します。

1 捨てる　2 諦める　3 投げる
4 延ばす　5 断る

これを僕は**「隠れポジティブの心得」**と呼んでいます。

隠れポジティブの心得

たとえば仕事なら…

1 捨てる
優先順位の低いものはやらない

2 諦める
今日中はムリだから明日やろう

3 投げる
できないのでほかの人に頼もう

4 延ばす
この書類、明日まででいいでしょうか

5 断る
その日は予定があるので出られません

この5つの心得は、一見するとネガティブで避けたほうがいい考え方と思われがちです。でも、僕はとても大切なポジティブな考え方だと思っています。

なにより、**この心得を実践すると時間が生まれます。**

ちなみに、逆の考え方はこれですね。

1　拾う
2　粘る
3　自分でやる
4　予定を守る
5　引き受ける

こちらは**「生真面目の心得」**という感じです。

こちらのほうが、人として誠実な考えとされているかもしれません。特に仕事では、「生真面目の心得」を実践している人は評価される傾向にあります。

もちろんこの考えが不要というわけではありません。ただ、生真面目ばかりでは、時に心が折れたり、つらくなったり、何のためにやっているのかわからなくなったりと、壁にぶつかることがあります。時間もなくなります。

そんな時こそ「隠れポジティブの心得」です。

「隠れポジティブの心得」がネガティブな考え方に思えるのは、目先を見た場合です。長期的な視点でとらえると見え方は違ってきます。

時間を考える時、どの長さでとらえるかはとても大切です。

たとえば「隠れポジティブ」の「断る」について。

断ることが苦手な人は多いのではないでしょうか。

「目先の視点」で考えれば、断ることは相手に悪い感じがして、「断りにくい」と感じるかもしれません。

でも、3か月後はどうでしょうか。

断ったことで自分の時間に余裕ができたのであれば、断ったことはプラスに変化しています。相手も断られたことは忘れているかもしれません。

「隠れポジティブの心得」を実践すると、目先ではマイナスなことが起きるかもしれないですが、3か月後、1年後、3年後には、プラスになっているかもしれません。

時間が経つと、時間価値が大きく変化することもあるのです。

多忙は生産性を下げる

忙しいという時間感覚を変える

ある調査で、**やることが多すぎると、生産性が低下する**ことがわかっています。
たしかに忙しいと疲れやすいので体調にも影響し、脳の働きも落ちるので、生産性は下がっていきます。

でも、**忙しいって、がんばっている感じは出せる**んですよね。

忙しい人は周りからは「あの人すごいがんばっている」と思われるので、そこから抜け出せない人もいるのではないでしょうか。

「仕事は忙しい人に頼め」という考えがあります。

この説の根拠は「仕事が忙しい人は段取りがいいから」「仕事が忙しい人は能力が高いから」などです。

でも、この考え方は本当でしょうか？

これまで数多くの人と仕事をしてきましたが、**「忙しい人＝仕事ができる人」というわけではありませんでした。**

能力やスキルが低くて多忙な人も、要領が悪くて多忙な人も多くいます。

仕事で大切なのは、プロである以上は「成果」です。

成果を出すにはどうするかを考える時、多忙はデメリットが多いという事実を知るだけでも、時間感覚を変えるきっかけになります。

世の中にはすごい人がいます。

仕事は超多忙。成果をちゃんと出しながら、自分の趣味の時間もしっかりとっていて、よく遊んでいる。睡眠もしっかりとっている。

こんなに動きまわって、どうやって時間のやりくりをしているのか不思議な人。

そんな時間の達人に聞いてみました。


「どうやって時間をつくっているんですか？」


すると、こんな回答が返ってきました。

「**自分でやることと、自分がやらないことをハッキリさせています。**仕事なら、人に任せる時はとことん任せて、中途半端に自分は絡まない。人付き合いも、誘われても断るほうが圧倒的に多いです。そうやって時間を生み出しています」


なるほど、この人はすごい集中力やすごい気力で全部をこなしているのだと思っていたのですが、実は**選択基準をしっかり持ち、「隠れポジティブの心得」を実践していた**わけです。

人間は欲張りな生き物です。あれもやりたい、これもやりたいという思いが生まれてきます。

多忙になりやすいのは、好奇心が強い人、真面目な人、完璧主義な人。

こういうタイプの人は特に「隠れポジティブの心得」を意識して、脱・多忙を実現してください。

「忙しい」を「充実している」にチェンジする

たとえば、大好きな旅に出た人がいます。

行きたいところがたくさんあったので、旅の予定を詰め込みました。時間が足りなかったので睡眠時間を削ることに。

こんな時、こういう表現をするでしょうか？

「いやー、**旅が忙しくて**、あまり寝てないんです」

旅が好きなら、「忙しい」の代わりに、ハマるとか、のめり込むという表現を使うのではないでしょうか。

「いやー、**旅にのめり込んで**、あまり寝てないんです」

一方で、仕事が詰まっている時はどうでしょうか。

「いやー、仕事が忙しくて、あまり寝てないんです」

このコメント、いってる人がけっこういそうです。僕もよくいってました。

「忙しい」という言葉は、やりたいことに対してはあまり使いません。どちらかというと、あまりやりたくないことに使う言葉です。

たしかに「忙」という漢字は「心をなくす」と書きます。

もし好きなこと、やりたいことで時間が占有されたとしても、その時は「忙しい」ではなく、「充実している」と感じるものです。

感じ方がまったく違います。


なので、もしあなたが「忙しい」と感じていたら、それはやりたくないことなのかもしれません。

自分が忙しいと感じていることを、一度冷静な視点で見直してみるのはどうでしょうか。


日本ではこれまで忙しいことを美徳とする風潮がありました。

「忙しいのはよいこと」と刷り込まれてきました。

気づけば、自分でも知らないうちに多忙中毒になっているかもしれません。

「忙しい」を細かく分解する

もし「忙しい」と感じたら、時間の見直しをするタイミングかもしれません。

「忙しい」は、全体的な感覚です。そんな時は**「忙しい」を分解してみると**見ている景色が変わります。

資料づくりで忙しい時を例に解説します。

資料づくりの内容を次のように分解します。

〈考える〉「類似事例を探す」「これまでの実績を検証する」「データを調べる」「アイデアを出す」「内容を言語化する」「内容をビジュアル化する」……

〈行動する〉「資料をつくる」「つかみをつくる」……

こうやって要素を分解すると見えてくることがあります。

それは、「忙しい」と漠然と思っていたことの中身に、「好きなこと」「やってみたいこと」「ハマりそうなこと」が発見できるかもしれないということです。

たとえば、資料をつくるとき、僕はデータを調べるのは好きではないですが、アイデアを考えるのは大好きです。

人によって違いはありますが、こうやって分解し、その中にやりたいことを発見できれば、資料をつくる時間の価値が大きく変化します。**「忙しい」という感情の中の一部は「充実している」という感情に変換される**のです。一方で自分でやらなくていいことも発見できれば、その時は「隠れポジティブ」の心得です。

「すぐやる」が正しいとはいえない理由

「すぐやる人」というテーマの本は、出版の世界ではよく売れます。

それだけ「仕事をためてしまう」「ぐずぐずしてしまう」ことに課題を抱えている人が多い表れです。

すぐやる人は、仕事のできる人とほぼ同じ意味になっているのではないでしょうか。

実際に大きな結果を出している有名経営者には、そういう人が多くいます。

ユニクロを運営するファーストリテイリングの柳井《やない》正《ただし》会長は、インタビューで「即断・即決・即実行」と話しています。

優秀な経営者が、なぜ即断・即決・即実行ができるかというと、日々そのことを考え続けていて、準備をしているからです。やみくもに即断・即決・即実行をしているわけではありません。カンだけでやっているわけではないのです。

なんでもすぐやってしまうと、準備もせずにいきなりやるので余計なことをしてしまうリスクもあります。

知人からこんな話を聞きました。

「会社の後輩が『すぐやることは仕事ができること』と思い込んでいて、何でもすぐやるんです。でも、急ぎすぎてやり方が雑なんです。優先順位を間違ってしまったり、あとから何度も訂正しなくてはならなかったり。結局、周りに迷惑がかかってしまう。そのフォローで上司も時間をとられてしまうんです」

これぞ、すぐやる誤解をしている人ですね。

「すぐやらないほうがいい時」もあるのです。

これまで多くの人と仕事をしてきましたが、「すぐやる人」の中には、「やるべきか、やるべきでないか」「今やるべきか、あとでやるべきか」の判断をしないままに、とにかくスタートさせてしまう人がいました。理由は、「すぐやることが大切」と思い込んでいるからです。
また、即断即決を相手に迫るのもリスクがあります。相手の準備ができてない中で迫ると、冷静な判断がされないからです。**その場の流れや思いつきで、間違えたことが決断されてしまうリスクがあります。**

そういう時は、**その場で決断をしないことも必要**です。あとで時間をつくり、複数の視点で考え直すことも大切なのです。気づかなかった部分に気づくことがよくあります。

すぐやることで、かえって時間を奪われていないか見直してみてください。

時短法52のリスト

この章の最後に、さまざまな時短法アイデアをリストにして紹介します。

人生の手持ち時間は限られています。人生で大切な「幸福の時間」（充実感、満足感、快感、達成感、安らぎ感）を増やすためには、それ以外の時間の「生産性」を高めることも必要です。

人生にはどうしても「やらないといけない時間」（役割の時間）があります。

この時間の効率をフルに上げて「時短化」するための方法を、リストで紹介します。

とにかく忙しいと、時短法の存在そのものを忘れてしまいがちです。このリストを定期的に見返して活用してください！

時短法52のリスト

①15分本気で集中する	集中力の維持法
②TODOリストを細かくつくる	やるべきことの見える化
③朝の時間を徹底活用する	締め切り効果を狙う
④無理して覚えない	ムダ時間の削除
⑤体を動かす	生産性を上げるため
⑥完璧を目指さない	適度を意識する
⑦間食をうまくとる	生産性を上げるため
⑧緊急度よりも重要度を優先する	価値の確認
⑨好奇心のバランスをとる	好奇心の強い人は何でもやりたがる。ムダ時間の削除
⑩とにかくはじめてみる	生産性を上げるため
⑪断る	ムダ時間の減少
⑫ゴールにつながらないことは断る、逃げる	ムダ時間の削除
⑬細分化	解像度を上げる
⑭雑事をまとめる	生産性を上げるため
⑮じっくり考えすぎない	ムダ時間の削除
⑯自分がやりたいことを明確にする	ゴールからの逆算思考
⑰自分なりのチェックシートをつくる	ドローン視点
⑱自分なりの片付け法を身につける	時間の生産性を上げる
⑲自分の行動目標を週単位、月単位でつくる	ゴールからの逆算思考
⑳自分の時間グセの傾向を認識する	ムダ時間を減らす
㉑自分の時間を記録する	時間のムダの見える化をする
㉒自分の生産力を知る	自分の能力を見える化する
㉓自分の体の状態を知る	時間のパフォーマンスを上げる
㉔自分の無意識の時間を知る	ムダ時間を減らす
㉕自分の理想の1日を明確にする	ゴールからの逆算思考
㉖集中力を取り戻す	254ページからの方法で集中力をアップ。生産性を上げる

㉗定期的に整理をする	時間を盗まれないように
㉘シングルタスクにする	集中力を高める時に
㉙スマホの通知をオフにする	集中力を阻害しないため
㉚即レスをしない	重要なことに割く時間を確保するため
㉛常に締め切りをつくる	8・31効果
㉜デバイスデトックス	時間を盗まれるデバイスを遠くに置いたり隠してデバイス離れをする
㉝整えない	ムダ時間の削除
㉞「ながら」をうまく取り入れる	シングルタスクに飽きた時に
㉟ニュースをこまめに見ない	ムダ時間の削除
㊱眠くなりにくい食生活にする	生産性を上げるため
㊲判断力を上げる	生産性を上げるため
㊳人のせいにしない	ムダ時間の削除
㊴不義理を悪と思わない	ドローン視点
㊵返信を遅くする	自分ベースの時間に
㊶毎日最優先事項を決める	ゴールからの逆算思考
㊷任せる	人の時間を奪う
㊸マルチタスクにする	シングルタスクに飽きた時に
㊹マネをうまくする	ムダ時間の削除
㊺メールなどの返信はまとめてやる	まとめるとやってる感が出る。 時間の選択
㊻メンタルをコントロールする	ムダ時間の減少
㊼やらないことを決める	ムダ時間の削除
㊽やりすぎない	ムダ時間の削除
㊾自分のためのマニュアルをつくる	能力の向上による生産性アップ
㊿ルーティンをうまく活用する	生産性を上げるため
51終わり時間を決める	ムダ時間の削除
52予定の余白をつくる	もしもの時の対応策、ゆとりをつくる

1日を24時間ではなく16時間で考えてみる

Column

時間への認識にはいろいろな誤解がありますが、もっとも多いのは1日を24時間と考えるところです。

もちろん、時間だけ見れば1日は24時間です。

でも寝ている時間は活動時間に入らないので、実際に活動できるのは、「24時間－睡眠時間」です。

僕の場合、7時間の睡眠をとりたいのと、睡眠前後30分はボヤッとしているのでこうなります。

「24時間－8時間＝16時間」

自分の1日を「16時間」と考えるか「24時間」と考えるかで、時間への感覚は変わります。

1日を24時間と考えてしまうと、たとえば仕事で自分ができる量以上のものを請け負ってしまい、パンパンになってしまうとか、睡眠時間を削りがちです。

僕自身、20〜30代は、睡眠は4〜5時間くらい。睡眠を調整時間にして、いつも睡眠を削っていました。

睡眠不足は健康を損なったり、集中力を下げるなどの弊害があることを知った今は、むしろ睡眠時間の確保を前提にしてスケジュールを立てています。

1日が24時間か16時間かというのは、たとえば年収と税引き後の手取りみたいなもの。

実際に使えるお金が税引き後の金額であるように、使える時間も1日の16時間だけ。1時間は1日の16分の1。かなり重要な1時間です。

自分の活動時間は何時間なのか、時間をムダにしないためにはその認識が大切です。

第6章

集中力で時間を増やす

第6章のキーポイント

キーポイント1

　　　の方法を参考にしない。

キーポイント2

集中力は　　　でつくる。

キーポイント3

集中と　　　はセットで。

キーポイント 4

すごい集中力を発揮する「　　の法則」。

キーポイント 5

実行力は「　　化」でつける。

キーポイント 6

実行力を上げる「　　ながら」。

答えは335ページに

集中力のない人が考えた集中力アップ法

集中力がある人のマネをしない

大学受験の模擬試験で、全国トップクラスの成績をおさめた友人がいました。

当時、成績が伸び悩んでいた僕は彼に**「どうしたら成績が上がるのか？」**と質問を投げかけました。そうしたら、回答はこうでした。

「昼間に集中力を全開にして勉強したら、そんなに長時間勉強しなくても成績は上がるよ」

詳しく聞くと、昼間に集中して勉強しているので、夜はヘトヘトになり早い時間に寝てしまうとのこと。
この時、悟ったんです。

「あぁ、彼と僕はもともとの資質が違うんだ」と。

僕には彼のような集中力はありませんでした。
すぐ飽きるし、テレビは観たいし、友人と話したいし、マンガも読みたいし、音楽も聴きたい。だから勉強は何かをしながらの「ながら」です。友人と勉強するためにファストフードに行き、あまり勉強もせずペチャクチャ話をして終わることもしょっちゅうでした。
集中力がない自分。集中力がある友人。だから、彼の方法は僕にはあてはまらない。

YouTubeや書籍などで、集中力をアップするノウハウが紹介されていますが、集中力がもともとある人の意見をそのまますべて鵜呑《うの》みにしても、再現性はないかもしれません。

でも、集中力はどうにか手に入れたい……。
そこで、さまざまな集中力アップ法を学び編み出したのが**「集中力がない人のための集中法」**です。

集中せざるを得ない環境をつくる

Netflixや AmazonPrimeなどがあるのに、わざわざ映画館に映画を観に行くのはなぜなのか？　映画館に行く人の意識には「映画館なら映画に集中できてより満足できる」というマインドがあるのではないでしょうか（その作品を早く観たいというニーズももちろんあると思います）。

映画の上映中は、スマホを見られない。会話も食事もほぼできない。とにかく映画に集中する環境が整っています（デートで行く時のみ別かもしれないですが）。

ここに集中力をつくるヒントがあります。

そう、**「今ここ」に集中せざるを得ない環境をつくればいい**のです。

たとえば僕のやり方は次ページの表にある通りです。リモートワークで場所が選べる時は、仕事で集中力を発揮するためにいろいろな方法を探しました。

自宅の仕事用のデスク、会社のデスクでも1時間くらいしか集中できないので、さまざまな場所を活用しながら、**自然と集中が続くようなサイクルをつくっていきます。**

一方で、自分にとってオフィスは一人で集中するにはあまり向いていない場所なので、打ち合わせをする場所という位置付けにしています。

表に書いたのは個人的なものなので、誰にでも通用するわけではありません。**人によって集中しやすい環境は違うので、自分に合った場所を見つけて、集中力を高めるための環境をつくってください。**

柿内流の集中力アップ法（カッコ内はやれる限界時間）

風呂の中で思考する（30分以内）
血流が上がる効果も相まって集中できる。アイデアが浮かびやすいのもお風呂ならでは。
カフェでデスクワークをする（1時間）
周りの目もあり、適度なざわつきもあることが、かえって集中しやすい環境となっている。集中力が切れる1時間くらいで、次の店に移動。効率がとてもよく、よく活用。
電車内で集中する（1時間）
メールや考え事をするにはとても向いている場所。特に座るよりも立った状態のほうが集中力が続く。ただしやれる内容は限定される。
走りながら、歩きながら思考する（2時間）
すごくおすすめ。血流が上がる影響もあり、アイデアを考える、思考を整理するなど、何かを考えながら歩く、走る（ただしゆっくり）は集中力を維持できる。メモは立ち止まってスマホに。
家のベランダで集中する（1時間）
アウトドア用の椅子を置いてベランダを外オフィスに。自分の部屋で仕事するよりも集中できるので、よく活用。デメリットは寒い時や暑い時は向かない点。
トイレの中で仕事をする（15分以内）
集中はできるが、時間がたつとおしりが痛くなる。15分以上は向いていないが、短時間ならよい。

集中と休息はセットで

集中力のある人は、ダラダラするのではなく、**やる時間とやらない時間のメリハリがハッキリしています。**また、**集中と休息をセット**でうまく活用しています。この方法は集中力がない人でも活用できます。

作家の森博嗣《もりひろし》さんはインタビューでこんな話をしていました。

森さんは原稿を執筆する時に、**実際に集中できるのは10分**だそうで、10分で1000字を書いたら集中力が途切れてしまうそうです。

飽きてしまったり疲れてしまい、そうなったら原稿執筆をいったんストップし、ほかのことをするそうです。

ほかのことをしている間は原稿のことは一切忘れる。すると、リフレッシュでき、また10分の原稿執筆に集中できる。

集中とインターバル（休憩）を交互に繰り返しながら、１日の目標を達成していくというやり方です。

このやり方も「集中力の続かない人が集中するための方法」です。

人間の集中力が続く時間は15分とも50分ともいわれていますが、実際に本気で集中できるのは、僕の場合は実感として15分くらいです。ちなみに、50分も集中するような場合は、その時間の中で集中の度合いが上下動しているといわれています。

15分しか集中できないとわかっていれば、森さんのやり方は理にかなっています。

集中したあとに休息やほかのことをする時間を挟み込み、また集中に戻る。それを繰り返すことで、結果的に効率的に時間を使えるのです。

ちなみに**休息なしでぶっ続けで仕事をすると、疲れがとれにくくなる**ので、疲労がたまっている場合は、休息をうまく取り入れてください。

仕事中は自律神経の交感神経（緊張）が優位な時間です。一方で、休息中は副交感神経（リラックス）が優位な時間です。このスイッチングがうまくいかないと、疲れやストレスがたまったり体の不調を招く場合があります。

たとえば、「深呼吸をする」と、副交感神経優位にスイッチングがしやすくなります。

他にも、「お茶を飲む」「ガムやグミを噛む」「体を少し動かす」など、ちょっとした休憩でスイッチングは可能です。

また、**スケジュールを立てる時に、休息時間を組み込む**のもおすすめです。

どんな休息をしようかと考えるのも楽しいですよね。

近くの公園まで行って木に触る。空を見上げるために屋上に行く。おいしいコーヒーを買いに行く。そういう休息予定が入っていると楽しくなります。

ただ、休息時間を15分ごとにとるのは、会社にいるとなかなか難しいかもしれません。

そういう場合は、**インターバル時間用に「集中しないでできる仕事」を差し込んでみる**のはどうでしょうか。

「集中しないでできる仕事」を差し込んで、スイッチングをうまくできれば、パフォーマンスの高い時間をつくれます。

自分に合った「集中しないでできる仕事」を、うまく取り入れてみてください。

すごい集中力を発揮する「8・31の法則」

打ち合わせの資料をつくらないといけないのに、忙しくてつくる時間がなかなかとれない。結局、打ち合わせ当日の朝に1時間早く起きて、ギリギリで資料をつくった。そうしたらすごい集中力を発揮して、資料が1時間でできた。

こんな経験をしたことはないでしょうか。

結局、間に合った。

これを僕は**「8・31の法則」**と呼んでいます。

夏休みの宿題が大量に残っていても、最後の1日の8月31日に、すごい集中力でやりとげてしまう（僕の学校は夏休み最終日が8月31日でした）。

それに気づいてから、僕は「8・31の法則」を最大限利用してスケジュールを立てています。

締め切りギリギリになることで「集中せざるを得ない」「余計なことは諦められる」「ゴールに直結することだけを考えられる」わけです（もちろん物理的に量や質の問題で間に合わないこともあるので、何でも「8・31の法則」があてはまるわけではありません）。

時間に限りがあることを意識できると、より強く時間の価値を感じて集中しやすくなります。

とはいえ、毎日が8月31日は精神的にもちょっとしんどいかもしれません。

締め切り効果をうまく活用するならば、たとえば**1日の中で「今日はこれをやり遂げたい！」ということだけ、締め切りを設定する**のはどうでしょうか。

その際は、**「締め切りの切迫感」**が必要です。なので、

「出かけないといけない時間の前1時間で資料づくりを終わらせる」

「ミーティング前の1時間を使ってメール返信をする」など、終わり時刻が定まっているタイミングを活用すると、決めた時間内で成果を出せるはずです。

217ページで、「スケジュールに余白時間をつくることも大切」と書きました。「8・31の法則」と「余白時間をつくること」は逆のように思えるかもしれませんが、どちらも活用できるものなので、ケースバイケースで使い分けをしてください。

実行力を上げる「プロローグ化」と「ハイブリッド化」

ゴールに楽しみを設定する

「実行力」を上げることも、時間を増やすことにつながります。

とはいっても、集中力と同じように実行力を上げるのも簡単ではありません。

その理由は、人は自分に甘いからです。

自分との約束って、守りにくいですよね。

強い意志を持てるようになる自信がない。そんな時はどうしたらいいでしょうか。

実は、集中力と同じように、僕自身も実行力を上げることに長年苦労してきました。

やっぱり途中で面倒になるし、自分に甘くなります。

そんな中で、どうにか実行力を上げる方法にたどり着きました。

その方法が137ページで紹介した**「プロローグ化」**です。

プロローグ化は「自分にとってつらいことや面倒なことを『目的』にするのではなく、『プロローグ（序章）』にする」という考え方です。

プロローグ化は、時間の価値を上げるだけでなく、実行力も上げてくれます。

具体的にどうすればいいかを「ランニングの習慣化」を例に紹介します。

僕は、体のためにランニングを習慣化したいと何度もトライしてきたのですが、そのたびに挫折していました。

忙しいと時間をとれないからと言い訳し、冬場は寒いと言い訳して挫折。

でも、今は挫折なくランニングを続けられています（ゆる〜くですが）。週に3回はランニングを実行できるようになりました！

実行し続けられているのは、「プロローグ化」ができたからです。

具体的には、ダイエットや健康のためにランニングするという意識を捨てました。ランニングを「気持ちよく風呂に入るためのプロローグ」にしたのです。

ランニング↓気持ちよい風呂のためのプロローグ

「ランニングをして汗をかく」と大好きな風呂に気持ちよく入れます。「あー、最高〜‼」と思わず声が漏れるくらいの気持ちよさです。

この風呂体験をしたいという欲求のためにランニングする。そう考えると、ランニングは苦じゃなくなるのです。いや、正確にいうと「この苦しい感じを乗り越えたら、風呂が待っている！」と思えるので、苦しさが快適な風呂へのプロローグになるんです。

これが、**実行力を上げるための「プロローグ化」**です。

これだけで、挫折しそうだったことが続けられるようになりました。

特に、**プロローグ後のゴールを「快感」「快適」につながるものにしておくと、プロローグ化はよりうまく活用できます。**

たとえば、仕事でしんどいことをしないといけない時。

「イヤだな～」「ストレスたまるな」「もう辞めたいな」……、ネガティブな感情が生まれている時に、プロローグ化を活用します。

今日の仕事がきつい時は、先に仕事後の「ゴール」を設定します。

「夜に大好きなお店のスイーツを食べる」

「時間を気にせず映画を観る！」

なんでもＯＫです。

ポイントは「ゴール」を決めて、しんどい仕事をそこまでのプロローグとしてとらえることです。

「がんばった自分へのご褒美」という考え方と似ていますが、これとは主従を逆に考えます。

㊟ **つらい仕事**

㊦ **ご褒美に大好きなスイーツを食べる**

ではなく、

㊟ **大好きなスイーツを食べる**

㊦ **つらい仕事**

という関係性です。

こう考えると、しんどい仕事は最高のゴールを得るためのいい材料になるのです。

プロローグ化で実行力を上げる！

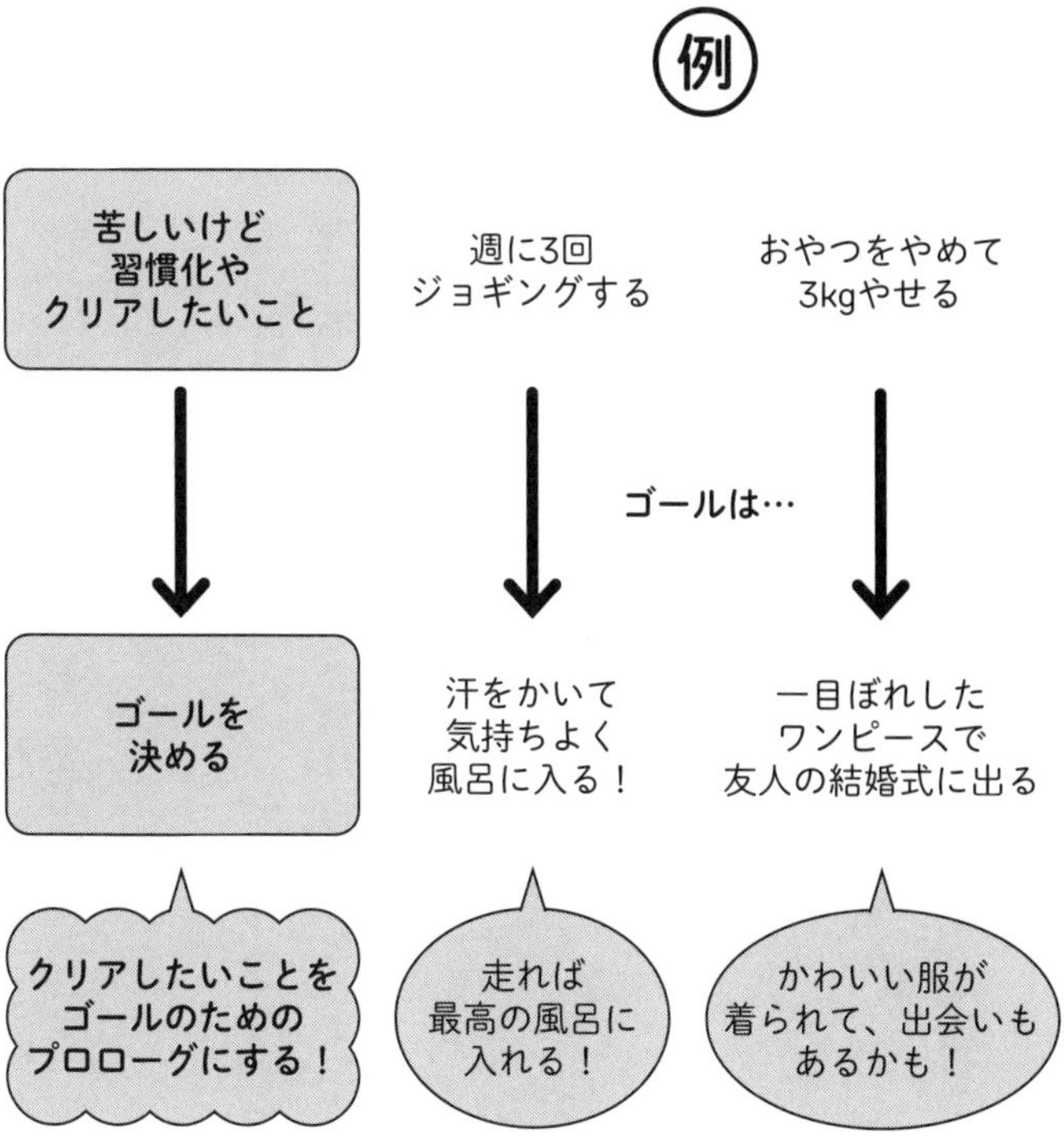

「ポジティブながら」で挫折を遠ざける

もうひとつ、実行力を上げる方法があります。**ハイブリッド化**です。

これは**「ひとつの行為」に「いくつもの意味付け」をしていく**ことをいいます。

僕のランニングが続いているもうひとつの理由が、ランニング時間をこう意味づけしているからです。

ランニング ＝ 運動する時間 ＋ 考える時間

仕事で日々考えないといけないことがたくさんあります。そこで、ランニングの時間を「考える時間」にしたところ、新しいアイデアや課題解決の方法をランニング中にいくつも考えられるようになりました。

脳はマルチタスクに向かないと説明してきましたが、一方で**ウォーキングや軽いランニングをしながら何かを思考することは、むしろプラスに働く**場合があります。

これは血流が適度によくなり、脳が活性化するからといわれています。

ハイブリッド化により、仕事が忙しくて走る時間がなかった生活から、仕事のことを考えるためにもランニングをしなければと思うようになったんです。

「いいアイデアを生むために走ろう!」となりました。

ハイブリッド化とはつまり「ながら」です。

家事をし「ながら」ストレッチするというように、「ながら」を積極的に活用していくのです。

ランニングをハイブリッド化しているケースはほかにもあります。

ランニング　＝　運動する時間　＋　好きな音楽を楽しむ時間

ランニング　＝　運動する時間　＋　オーディオブックを楽しむ時間

ランニング　＝　運動する時間　＋　夫婦の会話の時間

こういう**「ながら」**は**「ポジティブながら」**です。

「ながら」はプラスに働くことも、マイナスに働くこともあります。自分にとっての「ポジティブながら」をうまく取り入れてください。

つらい時間や自分にとっては価値を感じにくい時間を、「ながら」時間にして、自分にとってより価値の高い時間に変換していくのです。

第7章

「やりたいことの先送り」はなぜ起きるのか

第7章のキーポイント

キーポイント 1

人生で大切にしないといけない「　　づくり」。

キーポイント 2

思い出＝　　感情×　　行為・体験。

キーポイント 3

意志に頼ると挫折しやすいが、　　にできるとそれはルーティンになる。

答えは335ページに

キーポイント 4

自分にとっての　　　　タイムはいつかを知る。

キーポイント 5

「やりたいこと」か「やりたいこと　　　　」かを分けて考える。

キーポイント 6

やりたいことがない場合は、「自分の心が　　　　時間」をつくっていく。

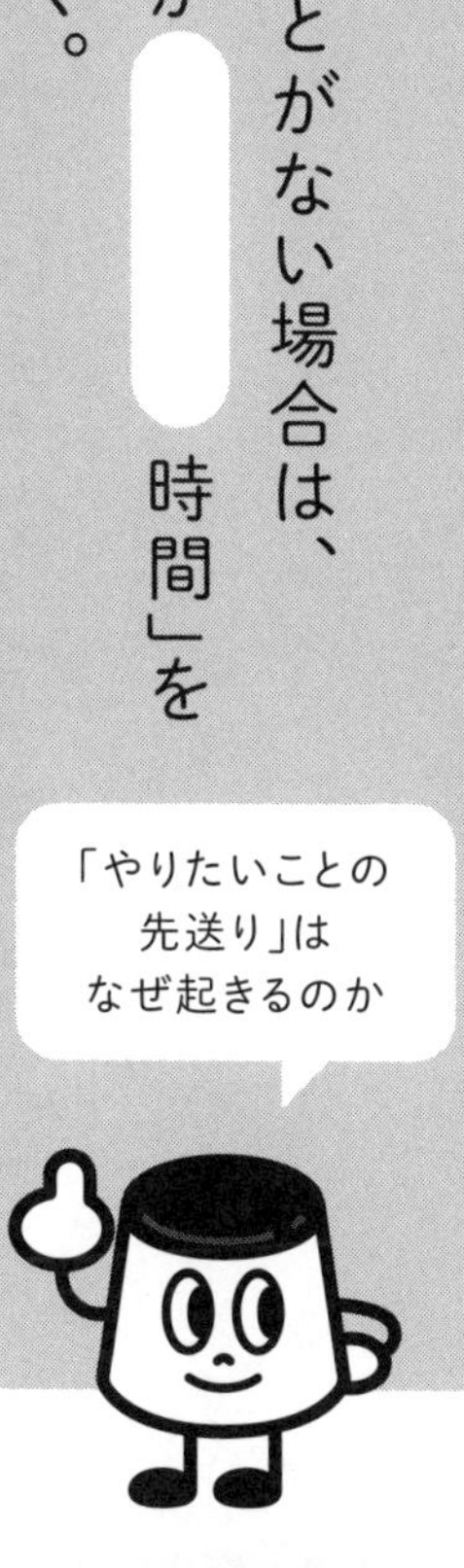

人生が豊かになりすぎる究極のルール

思い出づくりを真剣に考える

世界的ベストセラーになった『DIE WITH ZERO』（ビル・パーキンス著）。この本は「人生が豊かになりすぎる究極のルール」というサブタイトルがついているように、人生を豊かにするための考え方や方法が書かれています。

この中でこんな文章があります。

「人生でしなければならない一番大切な仕事は、思い出づくりで

す。最後に残るのは、結局それだけなのですから」

なるほど、たしかにそうだと、これを読んだ時に膝を打ちました。

思い出とは「過去に自分が出合った事柄」です。でも、その中に思い出として記憶に残っていることと、まったく覚えていないことがあります。

人は一生のうちに、どれだけの思い出をつくれるのでしょうか。

「エビングハウスの忘却曲線《ぼうきゃくきょくせん》」は、人が時間とともにどのくらい忘れていくかを示したものです。

これによると、人が何かを記憶した時、次のようになるとされています。

エビングハウスの忘却曲線

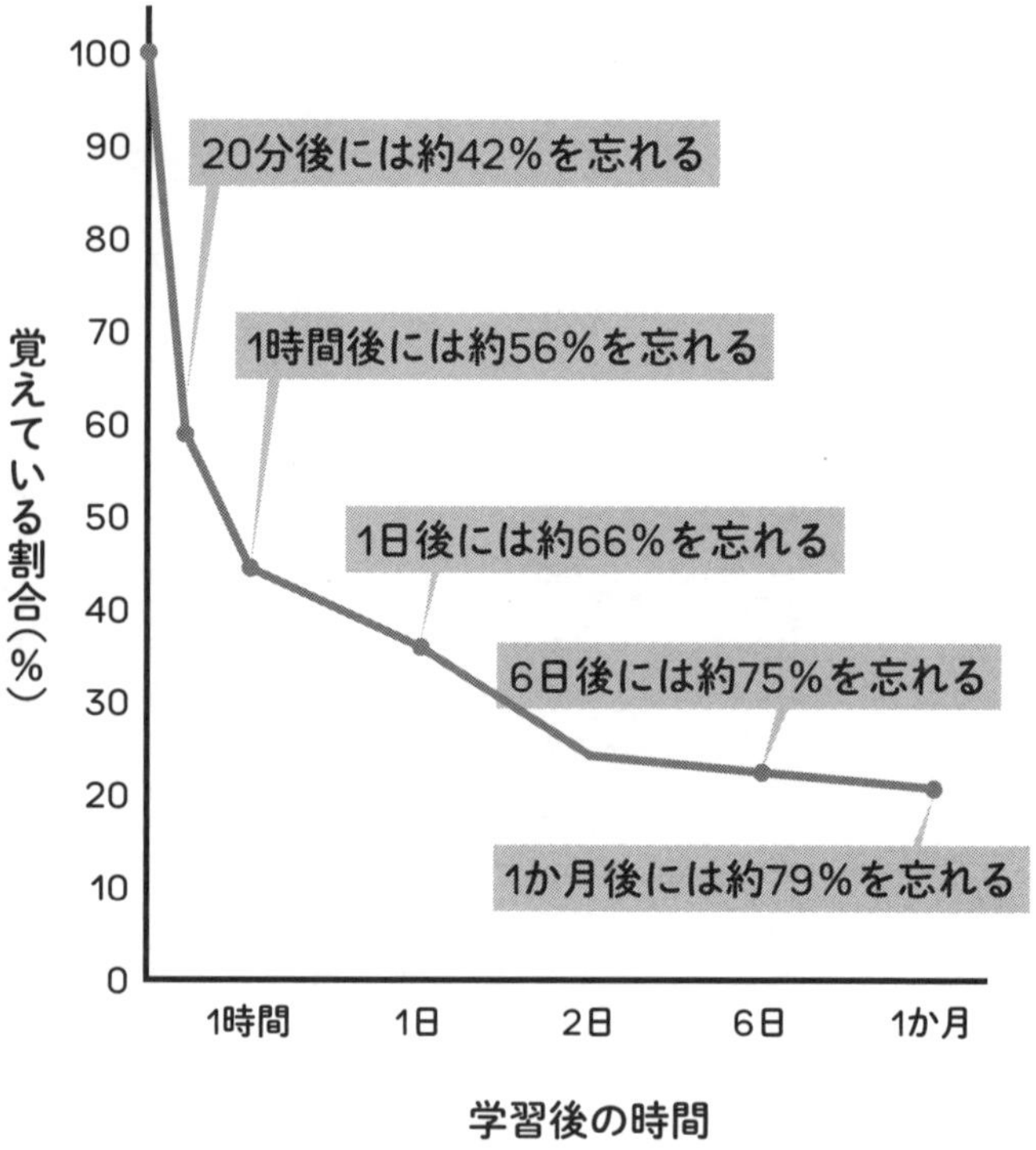
100
90
80
70
60
50
40
30
20
10
0
覚えている割合（%）
20分後には約42%を忘れる
1時間後には約56%を忘れる
1日後には約66%を忘れる
6日後には約75%を忘れる
1か月後には約79%を忘れる
1時間
1日
2日
6日
1か月
学習後の時間

実際には、最初から覚えていないものもあるので、ほとんどの情報は「忘却側」に入ってしまいます。

ほとんどのことを忘れている中で記憶に残っている「思い出」って、すごい存在です。

いわば、**「これまで生きてきた時間の選抜チーム」が思い出**なわけです。

では、何が選抜されるのでしょうか？

それは**「感情がゆさぶられる、印象的な行為・体験」**です。

思い出　＝　強い感情　×　印象的な行為・体験

「強い感情」×「印象的な行為・体験」は自分にとってポジティブなことばかりでなく、ネガティブなことも含まれます。

僕の祖母は、亡くなる前の数年は戦争時代の話ばかりするようになっていました。戦争中の悲しい記憶も必死で生きた記憶も、深く、強く、祖母の中にあったのです。

強い感情と印象的な行為・体験が、忘れられない思い出をつくっていました。

一方で、意識的によい思い出をつくっていくこともできます。

それは、**思い出を構成する「強い感情」×「印象的な行為・体験」を意識して、計画を練り、行動すること**です。

その際、コツがひとつあります。それは**「絞り込み」**をすることです。

ヒットメーカーとして知られる秋元康さんがこういっています。

「記憶に残る幕の内弁当はない」

あれやこれやと盛り込み過ぎると、人の記憶に残りにくくなるという意味です。

たしかに、自分の思い出を振り返ってみるとよくわかります。

覚えていることは、あれこれではなく何かひとつです。

たとえば、旅に行く場合。

思い出に残したければ、「絞り込み」です。「あれもしたい、これもしたい」といろいろやってみたくても、まずは**旅の最優先の目的をひとつに絞ります。**

どうしても食べたかったラーメンを食べに行く。

以前、大切な人と一緒に行ったあの場所をもう一度訪ねる。

一度見ておきたいと思っていた仏像を見に行く。

絞り込むと、思い出に残る旅が生まれやすくなります。

「やりたいことをやる」も、思い出になりやすい行為です。

やりたいことには、そもそも思い出のベースになる2つの要素「強い感情」×「印象的な行為・体験」が含まれているからです。

「継続」を思い出に変える

この**「やりたいこと」には、「一度やってみたいこと」と「継続的にやってみたいこと」があります。**

一度でいいから絵画『モナ・リザ』を生で見てみたい。
メジャーリーグの試合を見に行きたい。
これらは一度やってみたいことです。

田舎暮らしをしてみたい。
ゴルフをはじめたい。
これらは継続的にやってみたいことになります。

思い出も同じ構造です。

「一度の行為や体験」が思い出になることもあるし、**「継続的な行為や体験」が思い出になる**こともあります。

継続的な行為や体験が思い出になる場合は、小さな感情が徐々に蓄積されて「強い感情」に変わっていくイメージです。

たとえば、学生時代に長年通った通学路が思い出の場所になることはないでしょうか。その通学路は、ただそこを歩いたから思い出になったのではなく、その時代のさまざまな感情の蓄積が「思い出」をつくっていったのです。

また、「毎朝ランニングをしている」「長年英語の勉強を続けています」など、**長年の習慣も思い出に変えることができます。**それは1回1回のランニングの記憶ではなく、「継続した習慣」としての思い出です。

習慣を思い出に変える時に大切なのは、その価値に気づくことです。

習慣は、無意識でいると当たり前に感じてしまいます。だからこそ、**意識的な「気づき」が必要**です。

仕事でつけている日報や定例ミーティングも、日々の料理づくりや掃除も、価値を発見できれば思い出に変えることができる素材になるのです。

では、継続した習慣づくりはどうすればできるでしょうか？

時間と自分の相性があることを知る

ある日曜日の夕暮れ時。

「あー、なんかネット見たり、ダラダラしてたらあっという間に夕方になっちゃった。今日の休みは映画を観に行きたかったし、ちょっとだけ仕事もしようとか、いろいろやりたかったのに何もできないまま、時間をムダにしてしまった……」

こんな経験をしたことがある人もいるのではないでしょうか。
ムダな時間を減らしたいと心では思いながら、なかなか行動が一致しない。

原因は意志の弱さでしょうか？
それもあるかもしれません。でも**意志を強くするのは難しい。**そもそも意志が強い人のほうが少ないいんじゃないでしょうか。

では、どうしたらいいか。
作家の村上春樹さんの日常生活に、そのヒントがあります。

村上春樹さんは毎日の生活習慣を決めているそうです。
早朝に起床。
午前中に原稿執筆。
午後は昼寝をしたり、音楽を聞いたり、本を読んだり。

毎日だいたい1時間は外に出て運動。

こういう習慣を長年続けているそうです（『職業としての小説家』より）。

ダラダラをなくすためには、守るべき習慣をつくっていくのです。

意志に頼ると挫折しやすいですが、習慣にできるとそれはルーティンになります。

やりたいこと、続けたいことは習慣化することが、うまくいく秘けつです。

でも習慣化って、すぐにできるものでもありません。では、どうしたらいいのでしょうか。

習慣化するためにひとつ注目したいのが**「時間と自分の相性」**です。

スターバックス元会長のハワード・シュルツや、アップルCEOのティム・クックはじめ、**有名経営者には朝型の人が多くいます。**朝は生産性が高い時間なので、早く起きて活動するのは人間の生理的にも合っていますし、朝の時間には締め切り効果があるので、より生産性の高い時間を過ごせます。

僕も朝型にあこがれて、これまで何度も朝型にしようとしました。でも、数日はできても、すぐに挫折してしまうのです。朝型にするために早く寝たとしても、朝はやっぱり起きられない。なんだか自分がダメ人間になったような気分でした。

調べてみると、朝型と夜型はその人が持っている体内時計の違いによるそうです。体内時計を操作しているのは遺伝子で、**その遺伝子の違いにより朝型か夜型かなどが決まる**そうです。

サイバーエージェント社長の藤田晋《ふじたすすむ》さんは、著書の中で、仕事時間に対する考え方として**「自分にとってベストな時間に仕事の照準を合わせればいい」**と書いています。

その考えで、会社の始業時間も朝の9時から10時に変更をしたそうです。

理由は、若手社員が多いためどうしても夜ふかしする人が多かったり、朝の満員電車で疲れて出社すると生産性が悪くなるためです。

10時出社に変えてから、午前中の社員の表情が生き生きしたそうです。

これも、「最適の時間」を考えた結果です。(『人は自分が期待するほど、自分を見ていてはくれないが、がっかりするほど見ていなくはない』より)

人には**自分にとってのゴールデンタイム**があります。

たとえば、低血圧の人はよく朝が弱いといわれます。

朝型が向いている人もいれば、夜型が向いている人もいます。

午前中に集中できる人もいれば、夕方に集中力が上がる人もいます。

あなたは自分のゴールデンタイムに気づいているでしょうか。
気づいていないならば、自分にはどの時間が何に向いているのか、その検証をしてみることをおすすめします。

ちなみに、**ゴールデンタイムだけでなく、人それぞれにパフォーマンスが落ちる時間、運動に向く時間、思考に向く時間などがあります。**自分の最適時間に合わせて予定を組み込むと、より習慣になりやすくなります。

「やりたいこと」をなぜ後回しにしてしまうのか？

「やりたいこと」と「やりたいこともどき」

以前、ある人がこういっていました。

「自分には夢があるんですが、今は忙しくて挑戦する時間がないんです。いつか時間ができたら、夢に挑戦したいと思ってます」

この話を聞いた時、「おや？」と思いました。

夢って、忙しいと先送りするものなのだろうかと。

「夢」の意味を辞書で調べてみると、おもしろいことに気がつきました。

「夢」（『デジタル大辞泉』より）
（1）将来実現させたいと思っている事柄
（2）現実からはなれた空想や楽しい考え
（一番目の意味には睡眠中に見る夢のことが書かれていますが、ここでは省きます）

夢という言葉を（1）の意味で使っているのか、（2）の意味で使っているのかによって意味はまったく変わります。簡単にいえば、**（1）は「本気で実現させたいと思っていること」**、（2）**は「あこがれ」**です。

夢があっても先延ばしにして実現できないのは、夢を（2）の意味で使っているからです。

一度きりの人生。限られた時間です。
夢を本気で実現させたい人は、夢に向けてすでに動いています（もしくは動くための準備をしています）。

今、夢に向けて動けていないのは、夢を無意識に（2）の意味でとらえている可能性があります。

（2）の「あこがれ」の意味で使っている夢は、（1）と区別して「夢もどき」と呼んだほうがいいかもしれません。

以前、終末医療に関わる医師から聞いた話があります。

「人生の最期を迎えた人が、自分の人生を振り返った時に後悔することのひとつが『やりたいことをやっておけばよかった』ということです。

これは多くの人が挙げる後悔です。ちなみに、『仕事をもっとしておけばよかった』と後悔する人はほとんどいません」

後悔するくらいならば、やっておいたほうがいいのは明白です。でも、やりたいことをできている人は、意外に少ないようです。

人はなぜ、「やりたいこと」をやらないのでしょうか。

僕自身も、やりたいことを全部やれているわけではありません。

この答えを探すために、「やりたいことをやっている人」と「やりたいことができない人」を観察してみると、共通するいくつかの傾向がわかりました。


やりたいことを先送りしているひとつの理由は、実は**「そこまで強くやりたいと思っていない」から**でした。**やりたいといっても、「やりたい＝できたらいいな」くらいの感覚**です。夢でいえば（2）のあこがれくらいの感じです。


一方で、やりたいことをやっている人の多くは、こんな感情を持っていました。

「心の底からやりたい！」

やらないではいられないのです。

やりたいことの中でも行動に移すものと移さないものの違いは、**やりたい度合いの差**（本気度の差）です。

「この映画を観たいな」と思っても、実際に観に行く映画と観に行かない映画がある。

「ハワイに行きたい」と思っても、実際にハワイに行く人と行かない人がいる。

これは、「行きたい（やりたい）度合い」の差ですよね。

どうしても観たい映画は観に行きます。どうしても行きたい旅ならば行きます（どうしようもない事情でやれないケースもありますが）。

自分ではやりたいことと思い込んでいても、実はそこまでやりたかったわけではない。やりたい度数はそんなに高くない。

いってみれば**「やりたいこともどき」**です。

なので、やりたいことを先送りしないために、まずは「本当にやりたいことなのか」「やりたいこともどきなのか」を見極めることが必要です。

もしやれなくても自分を否定しない

ここで誤解しないでほしいのですが、**僕は「夢は実現すべきだ！」「やりたいことをすべてやるのが人生だ！」と熱く語りたいわけではありません。**

「夢」や「やりたいこと」が実は「夢もどき」や「やりたいこともどき」で、やれなかったとしても、それはそれでいいと思っています。

この2つの見極めをすすめる理由は、自分を否定しないためです。

「やりたいことがあるのに、後回しにしてしまう自分はなんて意志が弱いんだ」

「周りはやりたいことを実現させているのに、自分はやりたいことができていない。自分はダメな人間だ」

こんな人はいないでしょうか。何を隠そう、僕自身がそうでした。

「柿内のやりたいことは何なんだ?」「なぜやりたいことをもっとやらないんだ」
そう周りから何度もいわれていました。
そして、「自分はなぜやりたいことを実現できないんだ。なんて弱い人間なんだ」と自分を責めていました。

でも、ある時に気づいたんです。

必ずしも「やりたいことをやっている人=幸福」というわけではないのだと。

自分はやりたいことしかやらないと豪語している人が、見ていると苦しそうに生きていたり、グチばかりいっていたり。
一方でやりたいことは特別にないといっていた人が、すごく幸せそうに生きているのも多々見てきました。

やりたいことをする ≠ 幸福

これがわかってからは、やりたいことをしなければという強迫観念がなくなりました。やりたいことを先送りしていても、自分を責める必要はないのです。

「やりたいことをしないといけない」という考えに知らず知らずに心が侵食されている場合があります。

本当にやりたいことは、無理してつくるのではなく、自然と生まれてくるものです。

でも、もし今「何かやりたい」と思っているのであれば、「やりたいこともどき」を少しずつ「やりたいこと」に育てていくやり方があります。

次のページから、その方法を紹介します。

「やりたいこともどき」を「やりたいこと」に育てる方法

「やりたいこと」を育成する3つのボックス

やりたいことを実行している人に共通しているのは、先にも書いた**「本気度」**です。

お金がないなら貯めるための行動をする。

仕事が忙しければ仕事の生産性を上げる。人によっては仕事を辞めて、やりたいことをやる場合もあります。

でも、「やりたいこと」ではなく「やりたいこともどき」だったら、どうしたらいいでしょうか。

「やりたいこともどき」を「やりたいこと」に育てるにはまず、**「やりたいこともどきの仕分け」**からはじめます。

「やりたいこともどき」を大・中・小の3つの箱に分けてください（箱といっても本当の箱ではなく、頭の中のイメージととらえてください）。

「やりたいこともどき」を「やりたいこと」に育てる方法

1 やりたいことを全部書き出す

やりたいことをノートやスマホ、手帳などに書き出してみてください。大きなことも、小さなことも、やりたいと思っていることを全部です。

たとえば、「人気ラーメン店に食べに行きたい」「話題の映画を観に行きたい」「同窓会を開催したい」「仕事で新しい企画を考えて提案したい」「アラスカにオーロラを見に行きたい」「起業して会社を経営したい」「YouTubeで自分のチャンネルをつくりたい」「応援しているチームの試合を年間10試合生観戦したい」「犬を飼ってみたい」「英会話を習いたい」「久々に友だちと飲みたい」……。

ここではやりたいことの度合いは考えないでください。とにかくやりたいと思っていることをすべて書き出します。

2 書き出したことを3つのボックスに分ける

書き出したことを「㊦の箱」「㊥の箱」「㊤の箱」に分けてください。

㊅の箱（時間的に先の話）

将来できたらやってみたいこと

例）アラスカにオーロラを見に行きたい
　　起業して会社を経営したい

㊥の箱（数か月～数年の話）

すぐにはできないけれど、準備して近い将来やってみたいこと

例）同窓会を開催したい
　　犬を飼ってみたい

㊛の箱（１か月以内の話）

すぐにでも行動に移せそうなこと

例）人気ラーメン店に食べに行きたい
　　久々に友だちと飲みたい

「大の箱」には将来できたらやってみたいことを。「中の箱」にはすぐにはできないけれど、準備して近い将来やってみたいことを。「小の箱」にはすぐにでも行動に移せそうなことを入れてください。

「大の箱」に入った項目は、そのままで当面はＯＫです。機がまだ熟していないので、箱に入れておきます。

一方で、「小の箱」に入ったことは、早速スケジュールに入れ込んでください。もし、「スケジュールに入れるほどではないな」と思ったり、実行に移さないようだったら、「そこまでやりたいことではなかった」ということです。その項目は、やりたいことから削除してください。

この仕分けで一番のポイントは「中の箱」です。

「中の箱」に入っていることを、「やりたいこともどき」から「やりたいこと」に育てていきます。

なぜ「中の箱」が重要なのかというと、**中の箱を意識的に実行していくと、だ**

んだんと「やりたいことをやる人」にあなた自身が変化していくからです。

もう少し解説します。

大の箱（**現状はやりたいこともどき**）**は、今の自分との距離がありすぎて、それを実現する気持ちがまだできていない状態です。**

小の箱はすぐにでもできることです。もしすぐできるのにやらないのであれば、それは本気でないので、捨ててしまっていいものです。

中の箱は、現状はやりたいこともどきかもしれませんが、実現の射程圏内にあるもどきです。ここに入っていることを意識的にやっていくと、「**実現力**」が鍛えられていきます。

といっても、中の箱でもやらないままになることもあるでしょう。

そこで、次の質問を自分にぶつけます。

中の箱に入っている項目で、「それをやらなければ、自分が死ぬ時に後悔するかもしれない」ものはどれか？

どうでしょうか？

たとえば、僕はコーヒーが大好きで、全国のコーヒーの名店に行ってみたいと思っています。これは中の箱。しかし、もしやれなくても死ぬ時に後悔はしないだろうと思います。

一方で、自分で本を書いてみたいと思っていました。これも中の箱で、やらないままでいたら、きっと死ぬ時に後悔すると思ったので行動に移しました。

こんな感じで、中の箱の中をさらに仕分けします。

そして、死ぬ時、後悔しそうだと思った項目はとにかく実行に移してください。

これを続けていくと、「やりたいこともどき」は徐々に「やりたいこと」に変わっていきます。

やりたいこと
㊥の箱
・同窓会を開催したい
・新しい企画を考えたい
・YouTubeチャンネルをつくりたい
・野球の試合を見たい
・犬を飼いたい
中の箱を
さらに仕分け
やらないと死ぬ時
後悔するのはどれ？
後悔する
後悔しない
・同窓会を開く
・野球の試合を見る
・犬を飼う
・新しい企画を考える
・YouTubeチャンネルを
つくる
こちらをスケジュールに
入れて具体的に実行する！

「やりたいこと」がなかったら無理に探さなくてもいい

「自分の心が喜ぶ時間」のつくり方

ここまで、やりたいことをやるにはどうしたらいいかについて書いてきました。「やりたいこともどき」をやりたいことに育てる方法も紹介しましたが、それでもやっぱりやりたいことがない人もいるでしょう。

心が望んでいないことを、無理にする必要はありません。人生はやりたいことをやるためだけにあるわけではありません。望まないことを無理してやるほど、人生は長くないのです。

やりたいことがない場合は、「自分の心が喜ぶ時間」をつくっていくのも、ひとつの手です。


「ゆったりとくつろいでいる時間」

「散歩をしている時間」

「家族や恋人、友人とおしゃべりをしている時間」

「仕事に集中している時間」

など、「自分の心が喜ぶ時間」はいろいろあります。

自分の心が喜ぶ時間がたくさんある人生を想像してみてください。幸福度の高い人生になるのではないでしょうか。


「心が喜ぶこと」を指標にすると、実は日常の中にそういう時間がすでにたくさんあることに気づくかもしれません。

自分の心が喜ぶ時間は、55ページで述べた「5つの感」（満足感、充実感、達成感、快感、安らぎ感）とつながっています。

たとえば、こんな感じです。

- おいしいものを食べた ▽ 満足感、充実感
- 仕事で新しい営業先をゲットできた ▽ 達成感、満足感、充実感
- 行きたかった温泉に入ることができた ▽ 快感、安らぎ感、達成感
- 家族でキャンプに行った ▽ 充実感、安らぎ感
- 友だちとしゃべり倒した ▽ 満足感
- 海を見ながらコーヒーを飲んだ ▽ 安らぎ感

自分の心が喜んでいる状態はこの5つのどれかを感じている状態です。この「5感」を意識して、自分の心が喜ぶ時間をつくってください。

心が喜ぶ時間の書き出し方

自分がどんな行動をしたかを書き出して、その行動が5感のどれにあたったかをあてはめてみると、自分の時間価値を実感できます。

この1週間にやったこと	5つの感（満足感・充実感・達成感・快感・安らぎ感）
例）○○のランチを食べた	満足感・充実感
取引先を開拓した	達成感・満足感・充実感
友だちと遊んだ	安らぎ感・充実感

Column

思い出を再認識する「走馬灯ライティング」

「人生の最期には、自分の人生を走馬灯のように見る瞬間がある」

そんな話を聞いたことがあります。

そこで見る走馬灯がどんなものになるかはわかりませんが、自分の人生を今、走馬灯のように想像することはできます。

もし今、あなたの人生が最期の瞬間だとしたら、どんな人生の走馬灯を見ると思いますか？

走馬灯を想像した時に出てくる記憶、それが自分にとっての「思い出」です。

走馬灯を書き出してみると、自分が忘れていた記憶やそこまで大切だと気づいてなかった記憶も出てくるかもしれません。

「走馬灯ライティング」は自分にとっての思い出を確認する方法です。

あんなことも
こんなことも
あったなー
いい思い出だ

最 終 章

もしこれが人生最後だとしたら

カレーライスを人生であと30回しか食べられないとしたら

もしこれが人生最後の○○だとしたら

スティーブ・ジョブズは毎朝、鏡に映っている自分にこう問いかけたそうです。

「もし今日が人生最後の日であるなら、自分は何をするだろうか？」

こう問いかけることで、自分が今何をすべきかを、自分に語りかけていました。

時間には限りがある。そのことがわかっていても、それを意識しながら生きるのは簡単ではありません。

「一期《いちご》一会《いちえ》」という言葉があります。

もとは茶道の心得を表した言葉で、どの茶会も一生に一度のものであると考えて、お客に対し誠意をもって尽くすことが大切という意味だそうです。

人も、時間も、一期一会です。 かけがえのないものです。

たとえば、夫婦ゲンカをしたまま仕事に行ったとしたら。もしかしたらもう二度と会えないかもしれません。

そんな後悔を残さないためには、**「今という時に『尽くす』」**という気持ちを持つことです。

ジョブズの言葉も、このことをいっているんだと思います。

とはいえ、明日はもういないかもしれない、という心で生きていくのはちょっとしんどいところもあります。
そこで、もう少しカジュアルにこう考えるのはどうでしょうか。

もしこれが人生最後の○○だとしたら。

○○に入るのは、たとえば「この店でのランチ」「この電車に乗っての通勤」「この人との会話」……。
今日会った人に、もしかしたら二度と会わないかもしれない。
この店にはもう来ないかもしれない。
そんなことは、これまでもたくさんあったと思います。

「あと何回、桜の花を見ることができるのか？」

そんなことを考えたことがある人もいると思います。
考えてみれば、日本人で春の満開の桜を120シーズン以上見た人は一人もいません。

もし今60歳ならば、日本人の平均寿命からするとあと40シーズンも桜を見る機会がない人がほとんどです。そう考えると、毎年の桜がとっても貴重な存在に思えてきます。

「人生最後の○○」とまではいかなくても、「あと○回しかできないとしたら」と考えてみることもできます。

たとえば、あなたが**もしカレーライスをあと30回しか人生で食べられないとしたら。**

カレーライスを食べる1回の時間は「一食入魂」。味わいながら食べるんじゃないでしょうか。もちろん、スマホやテレビを見ながら食べるなんてことはないと思います。


僕は高校の卒業式の日を思い出すことがあります。

たくさんの同級生との別れ際です。

「また、会おう！」といって別れて以来、一度も会っていない同級生がかなりいます。

その時はもう会わないなんて、微塵《みじん》も思っていませんでした。

以前、終活の専門家に会ったことがあるのですが、その人がこんなことをいっていました。

「年齢に関係なく、自分の命が明日はないかもしれないと思って生きている人は本当に稀《まれ》で、たとえ高齢であってもすぐには死なないと思っている人がほとんどです。

だから、終活もすぐにやらないといけないということを伝えるのがなかなか難しいんです」

ほとんどの「最後」は、その時にはわからないのです。

時間が増えたことを実感するのは難しい

一方で、限られているとはいえ、平均値で見れば人生の時間は明らかに増えています。

日本人の平均寿命は次のように推移しています。

1955年	男性63・60歳	女性67・75歳
1990年	男性75・92歳	女性81・90歳
2019年	男性81・41歳	女性87・45歳
2040年（推計）	男性83・27歳	女性89・63歳

1955年と2019年を比較すると、男性は17・81歳、女性は19・7歳も長生きになっています。

でも、**今を生きる人のほうが、もしかしたら「時間が足りない感」を強く持っているのかもしれません。**

『セイコー時計白書２０２０』によると、**「時間が少ない、足りない」と感じている人は全体の51・2％。「時間に追われている」と感じる人は60・7％**だそうです。

この数字と比較できる１９５０〜80年代の調査が見当たらないので、正確に比較することはできないですが、高度成長期〜バブル期と言われる時代、日本人は猛烈に働いていました。

長時間労働は当たり前ですし、休みも週2日ない会社も多くありました。一方で、平均寿命は短い。

そうなると、当時の人の「自分の持ち時間」は今以上に少なくなります。

でも現代人の6割が時間に追われていると感じているわけですから、時間の長さとは関係なく、現代の人は時間が足りないという感覚を強く持っていることになります。

あの日にはもう帰れない

時間は増えているけど、一方で時間がどんどん過ぎ去っていってしまい満足のいく時間を過ごせているかといわれると、自信がない。

現代を生きる多くの人に共通する感情なのではないでしょうか。

松任谷由実さんがつくった『あの日にかえりたい』という名曲があります（正確には荒井由実時代に発表された曲です）。

誰でも、あの時代に戻りたいと思うことがあるかもしれません。

でももう帰れない。だから帰りたい。

時間は常に過ぎ去っていきます。

今という時は、常に「最後の今」という時です。

僕たちは常に「最後の今」を生きているのです。

今見ている桜と来年見る桜は別のものだし、今食べているカレーライスと、次に食べるカレーライスも別のものです。

ただ、そのことをあまり意識していないだけなのです。

時間の大切さに気づきたければ、「もしこれが最後だとしたら」を意識的に考えていくことです。

「もしこれが最後だとしたら」と考えると、グチをいっている時間がもったいないと感じてきませんか？

面倒な仕事も「これが最後」だと思えば、違う視点でとらえられるようになるかもしれません。
時間を否定的ではなく、肯定的なとらえ方をするようになり、「時間肯定感」が高まります。

名作として多くのファンがいるミヒャエル・エンデの小説『モモ』の中に、こんな一節があります。

「人間はじぶんの時間をどうするかは、じぶんできめなくてはならないからだよ。だから時間をぬすまれないように守ることだって、じぶんでやらなくてはいけない」

時間を自分のものにし、しっかり味わえるように、「もしこれが最後だとしたら」を意識して時間と向き合ってください。

エピローグ

都会で暮らす青年が、南の島にまた旅行に行きました。
相変わらず仕事が忙しい青年は、今回も南の島のビーチで、パソコン持参で仕事をしていました。
そこに、以前会った島に住む少年がやってきました。

少年「お兄さん、また会ったね。ここで何をしているの？」

青年「仕事が忙しいからここで仕事をしているんだ」

少年「相変わらず大変なんだね。
お兄さんがそんなに一生懸命働くのは
南の島で暮らしたいからだったよね？」

青年「あの時とは考えが変わったんだ。
一生懸命働くのは、仕事が楽しくなったからなんだ。
仕事に満足感や充実感を感じるので、
やりたくて働いているんだ。
それに、この青い空の下で仕事ができるのって、
最高の環境だよ。
15分集中して仕事をしたら、
空を見上げる。
そしたらすごく気分も
爽快になって、
また仕事に集中できる。
こんな素晴らしい環境で
仕事ができるのって、
最高だ！」

少年「南の島で暮らすのはもうあきらめたの？」

青年「実は3年後に南の島に移住することを決めて、そこに向けて具体的に計画もしてるんだ。以前はなんとなく南の島で暮らしたいなと思っていたけど、今は南の島で暮らすことははっきりと『やってみたいこと』になったので、具体的に計画しはじめたんだよ」

少年「そうなんだ、それは楽しみだね」

青年「こう思えるようになったのは、君に以前このビーチで会ったからなんだ。僕が変われたのは君のおかげでもあるんだ。本当にありがとう。また3年後に、このビーチで会おう！」

この本に載っているキーポイントをまとめてみました。
コピーをしたり写真に撮ってぜひ活用ください。
何か迷いが生まれた時などに読み返してみてください。

● 人生には「4つの時間」がある。

● 人生で特に大切なのは「幸福の時間」を増やすこと。

● 時間という砂が、この瞬間もサーッと落ちています。

● 時間を考えることはどう生きるかを考えること。

● 時間についての悩みはざっくり3つしかない。

①「満足いく時間が送れない」という悩み

②「忙しくて時間が足りない」という悩み

③「時間をどう選択したらいいか」という悩み

● 多忙は記憶を消していく。

● スペシャルな毎日より、パーフェクトな1日を。

● 時間のポートフォリオをつくる。

● 5つの「感」が幸せにつながる。満足感、充実感、達成感、快感、安らぎ感。

● 人生の「残り時間」と「残り時間感覚」はまったく違う。

● インプレッションイヤーは想像以上に早い。

●幸福の時間は3兄弟。
ドーパミン系幸福時間、
セロトニン系幸福時間、
オキシトシン系幸福時間

●「時間複利の法則」で時間の価値を変える。

●人を喜ばせることは自分の喜びになる。

●「誰かのため」は、結局は自分のためにもなる。

●「ドローン視点」をもつと時間の価値が変わる。

●人生は近くで見ると悲劇だが、遠くから見れば喜劇だ。

●お金の使い方は「消費」「投資」「浪費」以外に、幸福のために使う「幸費」がある。

●長く続く幸せのポイントは「状態」にある。

●無意識は時間を消していく。

●シングルタスクとマルチタスクを使い分ける。

●時間をスルーさせない練習をする。

●感情の乱れは時間の大敵。

●時間そのものに「ムダな時間」があるわけではない。

●その時間をムダだと感じるのも、ムダじゃないと感じるのも自分自身。

●「時間の意味変換（イミヘン）」は人生の武器になる。

●ネーミングでその時間の価値を見える化する。

●ムダな時間をスケジュールから消す技がある。

●時間の価値を言語化する。
●時間を自分のものにする技術「自分ベース化」。
●「自分ベースの時間」と「相手ベースの時間」が存在する。
●相手ベースで生きているとグチが多くなる。
●時間を自分のものにする技術「プロローグ化」。
●時間を自分のものにする技術「エピローグ化」。
●時間を短くしたければ、時間の経過に意識が行きにくいようにする。
●時間をゆっくりにしたければ、時間に意識を向ける回数を増やす。

●「白紙」の状態で世界を見ると、世界が変わって見える。

●人は今この瞬間を生きているようで、今を生きられていないことがよくある。
●「現在が充実すること」こそが生きること。

●「いつか」ではなく、大切なのは今。
●今日という1日は「真っ白い紙」。
●『サザエさん』に出てくるカツオの選択基準はいつも明確。
●人は1日に3万5000回もの選択をしている。
●時間を選択基準を決めておくと、時間のムダが減る。
●好きかどうかだけでなく、後悔しないほうを選択する。
●「選択する」という決断は、「選択しない」という決断と裏表。

- 選択したものへの「価値の強化」をする。
- やるも選択、やらぬも選択。どちらを選んでも後悔しない。
- 選択基準を決める7つの視点。後悔しないかどうか／体験価値が高いかどうか／体と心の声に従っているか／幸福度が高いかどうか／投資価値があるかどうか／人に喜んでもらえるかどうか／心地よいかどうか
- 感情が選択を揺るがす。
- やめたほうがいいと思っていながらやってしまう。買わないほうがいいと思っているのについつい買ってしまう。そういうことをするのが人間。

- コントロールすべきはすべての感情ではなく、反応。

- 人生は立てたスケジュールでつくられる。
- 手帳は人生をデザインするツール。

- スケジュールは管理するものではなく、デザインするもの。
- 予定には「幸福の時間」と「投資の時間」を先に入れるようにする。
- 時間簿をつけて時間を可視化する。
- 「時間ができたら」という時間は、いつまでも出現しない。
- 忙しさから脱出するための「隠れポジティブ」の心得。
- 多忙は生産性を下げる。
- 「すぐやる」がいつも正しいとはいえない。

● 集中力がない人のための集中法をインプットする。

● 集中と休息はセットで。

● すごい集中力を発揮する「8・31の法則」。

● 実行力は「プロローグ化」でつける。

● 実行力を上げる「ポジティブながら」。

● 人生で大切にしないといけない「思い出づくり」。

● 思い出とは、これまで自分が生きてきた時間の選抜チーム。

● 記憶に残る幕の内弁当はない。

● 習慣を思い出に変える。

● 意志に頼ると挫折しやすいが、長年の習慣にできるとそれはルーティンになる。

● 自分と時間の相性を知る。

● 「やりたいこと」か「やりたいこともどき」かを分けて考える。

● やりたいことをやる＝幸福ではない。

● やりたいことを育成する3つのボックス。

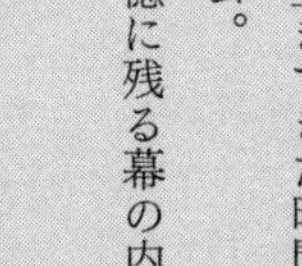

● 心が望まないことをやっているほど、人生は長くない。

● やりたいことがない場合は、「自分の心が喜ぶ時間」をつくっていく。

● 思い出を再認識する「走馬灯ライティング」。

● 「もし、これが人生最後の○○だとしたら」を考えてみる。

【参考資料】

『時間とムダの科学』(大前研一ほか／プレジデント社)
『アランの「幸福論」』(アラン／笹根由恵訳／ウェッジ)
『親が死ぬまでにしたい55のこと』(親孝行実行委員会／アース・スター エンタテイメント)
『精神科医が見つけた3つの幸福』(樺沢紫苑／飛鳥新社)
『恩送りの法則』(若山陽一郎／アスコム)
『ホモ・ルーデンス』(ホイジンガ／中央公論新社)
『幸せな孤独』(前野隆司／アスコム)
『ウェルビーイングビジネスの教科書』(藤田康人／インテグレートウェルビーイングプロジェクト／アスコム)
『バナナの魅力を100文字で伝えてください』(柿内尚文／かんき出版)
『自分の中に毒を持て』(岡本太郎／青春出版社)
『超決断力―6万人を調査してわかった迷わない決め方の科学』(メンタリストDaiGo／サンマーク出版)
『「ない仕事」の作り方』(みうらじゅん／文藝春秋)
『反応しない練習』(草薙龍瞬／KADOKAWA)
『DIE WITH ZERO　人生が豊かになりすぎる究極のルール』(ビル・パーキンス／児島修訳／ダイヤモンド社)
『職業としての小説家』(村上春樹／新潮文庫)
『人は自分が期待するほど、自分を見ていてはくれないが、がっかりするほど見ていなくはない』(見城徹／藤田晋／講談社)
『モモ』(ミヒャエル・エンデ／大島かおり訳／岩波書店)

「日経ビジネス」(2022年12月28日web版)
「プレジデント オンライン」(2020年10月23日)
「東洋経済オンライン」(2018年3月10日)
「家計の金融行動に関する世論調査〈2022年〉」(日本銀行金融広報中央委員会)
「令和2年版　厚生労働白書」(厚生労働省)
「セイコー時間白書2020」(セイコーグループ株式会社)
「WIRED」(2019年4月6日web版)

【各章キーポイントの答え】

第1章

①人生の時間は「4つの時間」で構成されている。
幸福 の時間　投資 の時間　役割 の時間　浪費 の時間

②5つの「感」が幸福の時間をつくる。
満足 感　充実 感　達成 感　快 感　安らぎ 感

③「時間の ポートフォリオ 」をつくるだけで行動が変わる。

④毎日をスペシャルにはできなくても、パーフェクト な1日にすることはできる。

⑤人間は 無意識 でいると幸福の時間になかなか気づかない。

⑥人生の「残り時間」と「残り時間 感覚 」はまったく違う。

第2章

①幸福の時間は3兄弟。ドーパミン 系幸福時間
セロトニン 系幸福時間　オキシトシン 系幸福時間

②自分を変えるための時間 複利 の法則。

③ 目的 を変換すると苦手な時間を減らせる。

④幸福の時間を増やすには 喜び の循環を生む。

⑤ ドローン 視点をもつと時間の価値が変わる。

⑥消費、投資、浪費以外の第4のお金の使い方 幸 費。

第3章

①無意識は時間を消していく。

②マルチタスクとシングルタスクを使い分ける。

③「時間の意味変換」を人生の武器に。

④ネーミングで時間の価値を見える化する。

⑤時間を自分のものにする技術「自分ベース化」。

⑥時間を自分のものにする技術「プロローグ化」と「エピローグ化」。

第4章

①『サザエさん』に出てくるカツオの選択基準はいつも明確。

②時間の選択基準を決めておくと、時間のムダが減る。

③「選択する」という決断は、「選択しない」という決断と裏表。

④選択基準を決める7つの視点。❶後悔しないかどうか
❷体験価値が高いかどうか　❸体と心の声に従っているか
❹幸福度が高いかどうか　❺投資価値があるかどうか
❻人に喜んでもらえるかどうか　❼心地よいかどうか

⑤感情が選択の邪魔をする。

第5章

①人生は立てたスケジュールでできている。

②スケジュールは管理するのではなく、デザインする。

③手帳は人生を デザイン するツール。

④時間を見える化させる 時間簿 をつける。

⑤多忙から抜け出すための 隠れポジティブ の心得。

捨てる　諦める　投げる　延ばす　断る

⑥多忙は 生産性 を下げる。

第6章

① 集中力がある人 の方法を参考にしない。

②集中力は 環境 でつくる。

③集中と 休息 はセットで。

④すごい集中力を発揮する「 8・31 の法則」。

⑤実行力は「 プロローグ 化」でつける。

⑥実行力を上げる「 ポジティブ ながら」。

第7章

①人生で大切にしないといけない「 思い出 づくり」。

②思い出＝ 強い 感情× 印象的な 行為・体験。

③意志に頼ると挫折しやすいが、 長年の習慣 にできるとそれはルーティンになる。

④自分にとっての ゴールデン タイムはいつかを知る。

⑤「やりたいこと」か「やりたいこと もどき 」かを分けて考える。

⑥やりたいことがない場合は、「自分の心が 喜ぶ 時間」をつくっていく。

柿内 尚文（かきうち・たかふみ）

◉編集者、コンテンツマーケター
◉1968年生まれ。東京都出身。聖光学院高等学校、慶應義塾大学文学部卒業。読売広告社を経て出版業界に転職。現在、株式会社アスコム常務取締役。
◉長年、雑誌と書籍の編集に携わり、これまで企画した本やムックの累計発行部数は1300万部以上、10万部を超えるベストセラーは55冊以上に及ぶ。現在は本の編集だけでなく、編集という手法を活用した企業のマーケティングや事業構築、商品開発のサポート、セミナーや講演など多岐にわたり活動。著書『パン屋ではおにぎりを売れ』『バナナの魅力を100文字で伝えてください』（共にかんき出版）はベストセラーに。
◉趣味はサッカー観戦。

このプリン、いま食べるか？ガマンするか？

2024年4月19日第1刷発行
2024年10月20日第8刷発行

著　者　　**柿内尚文**

発行者　　矢島和郎
発行所　　株式会社飛鳥新社
〒101-0003
東京都千代田区一ツ橋2-4-3　光文恒産ビル
電話(営業)03-3263-7770(編集)03-3263-7773
https://www.asukashinsha.co.jp

印刷・製本　　中央精版印刷株式会社

ISBN978-4-86801-002-9

編集担当　江波戸裕子